Elisabeth Scharfenberg, Inga Teglas

Pflege ist stark!

Gelebte Ideen und Zukunftsimpulse

VINCENTZ
Wir entwickeln Fachwissen

Bibliografische Information der Deutschen Nationalbibliothek

Die Deutsche Bibliothek verzeichnet diese Publikation in der Deutschen Nationalbibliografie; detaillierte bibliografische Daten sind im Internet über http://dnb.d-nb.de abrufbar.

Besuchen Sie uns im Internet: www.www.altenpflege-online.net

Druck: Gutenberg Beuys Feindruckerei GmbH, Langenhagen

Illustration Titelseite: Sonja Kröll, www.mimikro.de
Illustrationen: Sonja Kröll, www.mimikro.de

ISBN 978-3-86630-764-3

Elisabeth Scharfenberg, Inga Teglas

Pflege ist stark!

Gelebte Ideen und Zukunftsimpulse

Inhalt

Jetzt Code scannen und mehr bekommen ...

http://www.altenpflege-online.net/bonus

Ihr exklusiver Bonus an Informationen!

Ergänzend zu diesem Buch bietet Ihnen *Altenpflege* Bonus-Material zum Download an.
Scannen Sie den QR-Code oder geben Sie den Buch-Code unter www.altenpflege-online.net/bonus ein und erhalten Sie Zugang zu Ihren persönlichen kostenfreien Materialien!

Buch-Code: AH1104

NICHT Quatschen
SONDERN
Machen
KEIN JAMMERN
SCHLUSS DAMIT!
PFLEGE POWER
NICHT AUFS JAMMERN VERWENDEN
LASST UNS WAS
VERÄNDERN
AUS DER Ohnmacht HERAUSKOMMEN
STARTET IN Bildung
BILDUNGSREVOLUTION
EXAMENS ARBEIT & PRÄSENZ-ZEIT ?!
KOMM RAUS
SELBSTBEWUSSTSEINS-TRAINING

Vorwort

Pflege ist ein Beruf mit einem hohen Maß an Verantwortung für das Leben anderer Menschen. Pflegekräften ist bewusst, wie entscheidend ihr Einfluss auf das Wohlergehen der Menschen ist, die ihnen anvertraut sind. Doch wenn es um sie selber geht – um ihren Berufsstand, um ihren Arbeitsalltag –, scheinen sie sich oft machtlos zu fühlen, in einer Opferrolle gefangen, während andere – Arbeitgeber, Verbände, Politiker – über ihre Köpfe hinweg entscheiden. Dies zeigt sich auch in der Online-Umfrage „Was beschäftigt Pflegekräfte?“ Dort beklagen Pflegende das ewige Jammern in der Pflege, die Resignation. Sie wünschen sich mehr Eigenverantwortung, mehr Eigenständigkeit, mehr Möglichkeiten, eigene Entscheidungen zu treffen. Doch wie kann der Weg dahin aussehen? Das will dieses Buch beantworten, indem es praktische Beispiele dafür liefert, wie unterschiedliche Akteurinnen und Akteure in der Pflege Veränderungen angestoßen haben, die mehr Selbstbestimmung ermöglichen. Um zu zeigen, dass dies in allen Bereichen der Pflege möglich ist, konzentriert sich jedes Kapitel auf eine bestimmte Gruppe von Akteurinnen und Akteuren.

Warum dieses Buch?

Die Pflege ist stark!

Kürzlich hatten wir ein Gespräch mit einer Bekannten. Sie ist Pflegekraft. Es dauerte gar nicht allzu lange und wir waren mittendrin in den Arbeitsbedingungen der Pflege. Da ging es um die Arbeitszeiten, um den Verdienst, um die Machtlosigkeit der Pflege. Wir waren also im Jammertal der Pflege angekommen.

Wir hörten Sätze wie „Wir können eben nicht streiken. Was sollen denn da unsere Patienten machen? Wer soll die denn dann versorgen?“ Auf unsere Frage, ob sie sich denn im Berufsverband oder bei ver.di engagiere, hörten wir „Ich weiß gar nicht, wann ich das machen sollte ...“ und „Das kostet so viel Geld. Das kann ich mir bei meinem Verdienst nicht leisten!“ Es waren Sätze, die wir schon unzählige Male und an so vielen Orten gehört haben. Immer aus dem

Mund der Pflege. Übrigens nie aus dem Mund von Ärzten, die ja oft die gleichen Patientinnen und Patienten haben.

Veränderung ist möglich

Wir wollen uns mit diesen Antworten nicht mehr zufriedengeben. Darum haben wir uns auf die Suche gemacht nach Altenpflegekräften, die andere Antworten geben. Die nicht mehr bereit waren und sind, die jetzige Situation in der Pflege weiter so hinzunehmen. Es sind Pflegekräfte, die eine Bewegung gegründet haben, die für sich die Reißleine gezogen und sich selbstständig gemacht haben, die sich bei ver.di oder bei einer Pflegekammer engagieren, die Führung und Verteilung von Verantwortung anders leben. Es sind auch Pflegekräfte, die ihren eigenen Arbeitsalltag in die Hand nehmen und sagen „So nicht mehr!"

Wir sind fündig geworden. Wir haben gemeinsam daraus ein Buch, dieses Buch, entstehen lassen. In unserem Buch „Pflege ist stark!" erzählen wir von diesen Pflegekräften. Wir fragen nach ihren Beweggründen und ihrem Weg. Wir wollen zeigen, dass es sich lohnt, selbst aktiv zu werden. Dafür lassen wir die Pflege selbst zu Wort kommen. Wir reden nicht über, sondern mit der Pflege. Spannend für uns war, wie unterschiedlich die Beweggründe, der Leidensdruck, die Wege zur Veränderung waren. Und auch, wie unterschiedlich Veränderung sein kann. Am Ende haben wir festgestellt, dass es sich lohnt, die eigene Komfortzone zu verlassen. Für sich selbst und eben auch für die Pflege als Berufsstand. Insofern soll dieses Buch auch Mut machen, den eigenen Weg in der Pflege zu überdenken und neue Möglichkeiten zu entdecken. Denn wer in der Pflege ist, fühlt sich diesem Beruf häufig verbunden, trotz aller Widrigkeiten. Und muss vielleicht nur den richtigen Platz für sich finden.

Wir wären gespannt darauf, eure Geschichte zu erfahren. Bitte schickt uns gerne Nachrichten, kommentiert dieses Buch und eure Gedanken dazu. Hat es Euch Anstoß zu einer Veränderung gegeben? Schreibt uns unter: buch@teamscharfenberg.de.

Viele Spaß und viele neue Erkenntnisse beim Lesen und Entdecken …

Elisabeth Scharfenberg & Inga Teglas

Danke!

Einen ganz großen Dank aussprechen möchten wir all den engagierten Pflegekräften, die uns zu diesem Buch inspiriert haben. Wir haben viele Gespräche geführt, diskutiert, analog und digital.

Uns war es wichtig, über unseren eigenen Tellerrand zu schauen und auch Menschen mit einzubeziehen, die wir noch nicht kannten. Out oft the box! Darum haben wir auf Facebook einen Aufruf gestartet und gefragt, wer Lust hat, uns zu schreiben. Dieser Aufruf hat sich gelohnt.

Vielen Dank an alle, die uns ihre Geschichte erzählt haben und damit Teil dieses Buches wurden:

Thomas Agel, Judith Ebel, Leonie Emmerich, Giovanni Bruno, Stefanie Görtz, Birgit Hansen, Stefanie Hederer, Claudia Henrichs, Antje Hirt, Benjamin Jäger, Udo Janning, Marcus Jogerst-Ratzka, Andreas Klein, Roger Konrad, Peter Kraus, Gisela Lenz, Moritz Lienert, Sabrina Loyal, Nathalie Müller, Birgit Scheller-Küster, Wencke Seuberling, Fabrice Wendt und die Gruppe um Walk of Care.

Es ist uns eine riesige Freude, dass Dr. Eckart von Hirschhausen ein Grußwort verfasst hat.

Bedanken möchten wir uns auch bei unseren Männern Uli Scharfenberg und Markus Teglas. Sie beide und auch unsere Familien haben uns in der Zeit, während wir an diesem Buch arbeiteten, sehr unterstützt.

Wir freuen uns sehr, dass Vincentz Network dieses Buch verlegt.

Grußwort von Dr. Eckart von Hirschhausen

Elisabeth Scharfenberg durfte ich bei einer Veranstaltung zu Humor in der Pflege in Bielefeld kennenlernen. Sofort war spürbar, wie sehr diese Frau für das Thema Pflege brennt und deshalb habe ich gerne zugesagt, ein paar Gedanken beizusteuern. Die Bewegung raus aus der Opferrolle ist längst überfällig. Ich habe in meiner Medizinerausbildung in der Schweiz, in England und den USA gearbeitet und überall gab es in der Pflege einen Stolz auf den eigenen Berufsstand, der hierzulande neu entdeckt werden muss. Bei jedem Bühnenauftritt oder Vortrag erzähle ich, dass meine wichtigste Frage im Nachtdienst nicht war, welcher Oberarzt im Hintergrund Dienst hatte, sondern wer aus der Pflege da war. Mir war sehr klar, dass man als Arzt nichts ohne, aber sehr viel mit der Pflege erreichen kann. Deshalb wundert es mich auch, warum so wenige Ärzte sich öffentlich für die Pflege einsetzen. Und warum es so lange dauert, bis es eine bundesweite Kammer, gemeinsame multidisziplinäre Ausbildungseinheiten, Kommunikations- und Teamtrainings gibt.

Das Thema Pflegenotstand ist inzwischen in der Mitte der Gesellschaft angekommen. Weil viele Pflegeschüler bereits während der Ausbildung und den ersten Praktika abbrechen und viele Vollzeitkräfte nach wenigen Jahren das Berufsfeld wechseln, liegt ein neuer Schwerpunkt meiner Stiftung HUMOR HILFT HEILEN in der Arbeit mit Pflegeschulen. In einem Modellprojekt mit zwei Ausbildungsträgern in Münster und Berlin werden Pflegeschüler auf die emotionalen und psychologischen Belastungen in ihrem zukünftigen Beruf besser vorbereitet. Das Curriculum für Pflegeschulen wurde entwickelt und auf die Kernthemen wie Achtsamkeit, Persönlichkeitsbildung, Resilienz und Humor hin vertieft. In Planung ist jetzt eine erste interaktive App, damit die Inhalte in zeitgemäßer Form noch viel mehr Menschen erreichen können. Denn gute und empathische Pflegekräfte brauchen wir heute, und erst recht auch in Zukunft.

Für das, was Pflegekräfte jeden Tag erleben, müssen andere ins Kino! Jeden Tag das pralle Leben. In meiner Zeit im Krankenhaus habe ich gelernt, wie die Stimmung auf Station von einzelnen Menschen und dem Miteinander geprägt wird – in beide Richtungen. Es gibt Naturtalente der guten Laune, die ein Zimmer erhellen, noch bevor sie das Licht angemacht haben. Was uns allen Sorge bereiten sollte: wie in den letzten 20 Jahren mit Pflegekräften umgegangen wird. Durch das Fallpauschalensystem tauchen Zuwendung, kompetente Pflege und

Gespräche nur als „Kostenfaktor“ auf, und die „Leistungserbringer“ sind Ärzte, die immer mehr Entscheidungen nicht aus Sicht des Patienten, sondern des Verwaltungsdirektors fällen. Ein totaler Quatsch, der mit der Ethik bricht: mehr zu nutzen als zu schaden. Gerade die Motiviertesten leiden – weniger Stellen, Fluktuation, Dokumentation statt Zuwendung. Das eine sind die Rahmenbedingungen, die sich dringend verbessern müssen. Karl Valentin sagte: Wenn es regnet, freue ich mich, denn wenn ich mich nicht freue, regnet es auch! In diesem Sinn kann man auch in gehobener Stimmung politisch sein!

Das zweite ist die öffentliche und interne Wertschätzung all derer, die nicht nur aushalten, sondern auch die Stimmung hochhalten und mehr tun als sie müssten. Wie die Intensivpflegeschwester in Essen, die für ihren bewusstlosen Patienten ein Tagebuch geführt hat, damit er als er wieder zu sich kam, wusste was jeden Tag los war. Oder die Kinderkrankenschwestern, die mit den Kleinen auf dem Bett getanzt haben und zum YouTube-Hit wurden. Oder die Altenpflegerin, die eine Clownsausbildung machte, damit sie ihre eigene Spontaneität wieder entdecken und einbringen kann.

Clowns im Krankenhaus sind nur ein Teil der Humorarbeit. Auch Pflegekräfte und Ärzte stehen unter enormen Druck. Wie man belastende Dinge loslassen kann, was Stress und Anspannung abbaut und wie ich gut für mich sorge, damit ich auch für andere sorgen kann, das ist alles leider nicht Teil der Ausbildung.

Es geht überhaupt nicht darum, aus Pflegenden Clowns zu machen, oder etwas „vorzuspielen“. Viel eher kommt in den Übungen die eigene Persönlichkeit wieder zum Vorschein, der eigene mitfühlende und beobachtende Draht zum Anderen, das Vertrauen auf die Kraft von Spontaneität in der Begegnung.

Der erste durch HUMOR HILFT HEILEN initiierte Pflegeworkshop fand 2013 in Köln statt. Schnell folgten weitere in zahlreichen bundesweiten Einrichtungen aus den Bereichen Altenpflege, Klinikum, Hospiz- und Palliativversorgung, Seelsorge, so dass wir heute in über 700 Workshops bundesweit bisher mehr als 10.000 Pflegende geschult haben. In kleineren Teams bis 15 Teilnehmern wird geübt, gespielt und reflektiert: Wie gehe ich in Kontakt mit jemandem, was unterscheidet wertschätzenden von ironischem Humor, wie kann ich mit peinlichen Situationen leichter umgehen und wie sorge ich als Pflegekraft so gut für mich, dass ein Lächeln nicht „aufgesetzt“ werden muss, sondern aus mir heraus strahlt?

Das Konzept wurde verfeinert und von dem ursprünglich 3 Stunden-Format ausgeweitet, um auch Tagesseminare und Vertiefungen anzubieten. Die größte Intervention fand in Bielefeld statt, wo über drei Jahre über 3000 Pflegekräfte und andere Mitarbeiter des Evangelischen Johanneswerkes geschult wurden. Das Ganze wurde durch die Universität Zürich wissenschaftlich begleitet. Die Auswertung zeigte: die Workshops wurden als sehr wertvoll und wirkungsvoll wahrgenommen. Der subjektive Stress konnte gesenkt werden und Maßnahmen wie ein Glückstagebuch oder auch das Ritual, sich bei der Übergabe gegenseitig an eine positive Patientenrückmeldung zu erinnern vertieften und ergänzten den Impuls.

Über die Ergebnisse haben wir auf dem Deutschen Pflegetag inzwischen eine eigene Session eingerichtet, in der wir auch über die Weiterentwicklungen regelmäßig berichten. Wenn Sie neugierig geworden sind: Auf www.humor-hilft-heilen.de finden Sie Berichte und auch Kontakt, wenn Sie denken, dass könnte auch etwas für Ihre Einrichtung sein.

Welche Kraft treibt eigentlich alle an? Die Heilkraft der herzlichen Begegnung, der Zuwendung und des gemeinsamen Lachens. Denn das Lachen gegen Schmerzen hilft, ist leicht zu beweisen. Hauen Sie sich zweimal mit einem Hammer auf den eigenen Daumen. Einmal alleine, einmal in Gesellschaft. Sie spüren den Unterschied. Allein tut es länger weh, mit anderen kann ich über mein Missgeschick lachen, und der Schmerz lässt nach. Und deshalb sollten Menschen mit Schmerzen nicht alleine sein, und was zu Lachen bekommen. Und das lässt sich trainieren! Denn gute Laune im Team steckt an – auch Bewohner und Patienten. Ganz ehrlich: Wenn ich mal alt bin und Hilfe brauche, möchte ich auch Menschen um mich haben, die gerne in diesem Beruf arbeiten und wissen: „Das Leben hört nicht auf komisch zu sein, wenn wir krank sind. Sowenig wie es aufhört ernst zu sein, wenn wir lachen."

In diesem Sinne,
werden Sie sichtbar, hörbar, engagiert und
danke für Ihre Arbeit, Sie werden gebraucht!

Ihr Eckart von Hirschhausen

KAPITEL 1

Von der Berufung zum Beruf,
für den man einsteht:

DIE PFLEGEKRÄFTE

Wenn man mit Menschen spricht, die in der Altenpflege arbeiten, spürt man oft die Leidenschaft, die sie für ihren Beruf empfinden. Die Motivation, sich für diesen Bereich zu entscheiden, ist bei vielen getragen von persönlichen Erfahrungen mit dem Alter – mit den eigenen Großeltern oder älteren Nachbarn oder innerhalb eines Praktikums. Wie bei anderen sozialen Berufen auch steht dahinter die Überzeugung, dass diese Tätigkeit einem höheren Zweck dient, dass sie sinnstiftend ist. In der Online-Umfrage „Was beschäftigt Pflegekräfte?" (Elisabeth Scharfenberg 2016) gaben 85 Prozent der rund 4500 befragten Pflegerinnen und Pfleger an, stolz zu sein auf ihren Beruf. Sie haben ihn ergriffen, weil sie Menschen helfen wollten und weil sie es für wichtig halten, dass alte Menschen in unserer Gesellschaft einen schönen Lebensabend verbringen können. Sie erleben, dass sie unmittelbar Einfluss auf das Wohlbefinden eines anderen Menschen haben. Das motiviert sie, einen oft harten Arbeitsalltag durchzustehen.

In meiner Arbeit geht es immer zuerst um die innere Haltung, die Überzeugungen und Einstellungen. Denn sie prägen unsere Sprache.

Claudia Henrichs

Man sollte meinen, dass mit dieser Überzeugung vom Wert der eigenen Tätigkeit auch ein großes Selbstbewusstsein einhergeht. Doch oft genug fehlt es genau daran. In den Antworten zu unterschiedlichen Fragestellungen fiel immer wieder der Begriff „Wertschätzung". Pflegende beklagten, dass es sowohl vonseiten ihres Arbeitgebers als auch von Politik, Medien und der Öffentlichkeit zu wenig Wertschätzung für die pflegenden Berufe gibt. Wo die Anerkennung fehlt, fällt es schwer, den eigenen Wert zu spüren.

Vielleicht ist dies der Grund, warum Pflegekräfte sich oft machtlos fühlen. In dem Bewusstsein, dass ihre Tätigkeit nicht angemessen bezahlt wird und gefühlt nur dann sichtbar wird, wenn es um Skandale geht, verkriechen sich viele in einer Position der Resignation. Die Entscheidungen treffen ja sowieso andere und der eigene Einfluss wird als nichtexistent betrachtet. Gestresst vom

Alltag fehlt oft die Kraft, sich aufzuraffen und selbstbewusst einzufordern, was einem zusteht.

Dabei gibt es diese Anregungen durchaus. In der Umfrage kam oft der Wunsch nach mehr Eigenständigkeit:

- „Eigenverantwortung statt ständige Dienstanweisungen und Vorschriften, die keiner umsetzen kann"
- „eigenständige Stellung der Pflegepersonen mit Entscheidungskompetenzen"
- „Abschaffung der hierarchischen Strukturen"
- „Empowerment"
- „Endlich mit dem ständigen Gejammer aufzuhören und lösungsorientierte Ansätze zu verfolgen"
- „Kreatives Miteinander aller Ebenen, (Auflösung von Macht- und Ohnmachtsverhältnis) zum Wohl pflegebedürftiger Menschen.

Wir müssen nicht darüber reden, dass die Situation in der Pflege und die Arbeitsbedingungen katastrophal sind. Und ja – auf pflegepolitische Entscheidungen, auf die Gesetzgebung – hat der Einzelne nur einen begrenzten Einfluss. Das wiederum bedeutet aber nicht, dass es unmöglich wäre, vor Ort am eigenen Arbeitsplatz Einfluss zu nehmen. Dafür gilt es aber, den eigenen Handlungsspielraum zu entdecken – oder, für Führungskräfte: den eigenen Mitarbeitenden diesen Handlungsspielraum zu gewähren.

Wenn also der Wunsch nach mehr Eigenständigkeit, nach aktivem Sich-Einbringen besteht: Was hindert Pflegekräfte daran? Steht ihnen hier ihr Selbstbild im Weg? Sie können in ihrem Bereich von Vorgesetzten mehr Verantwortung einfordern. Sie können versuchen, Veränderungen im System anzustoßen und in ihrer Einrichtung etwas bewegen. Doch vielleicht müssen sie zunächst ihre Haltung hinterfragen, mit der sie in Gespräche gehen. Wie diese Haltung die Sprache und das eigene Auftreten beeinflusst, damit befasst sich Kommunikationsexpertin Claudia Henrichs. Sie berät Menschen im ambulanten Pflegedienst dabei, wie sie miteinander und mit ihren Kunden kommunizieren. Und sie hat eine klare Botschaft an jede Teilnehmerin und jeden Teilnehmer ihrer Workshops: „Du bist wertvoll."

CLAUDIA HENRICHS

Mutig und selbstbewusst konventionelle Regeln hinterfragen und verändern

Wir brauchen wirkungsvolle Kommunikation

Wenn Pflegebedürftige und ihre Angehörigen sich an einen ambulanten Pflegedienst wenden, fällt es ihnen häufig schwer zu verstehen, welche Leistungen sie in Anspruch nehmen können und welche Vorteile sie davon haben – nicht zuletzt wegen der oft komplizierten Pflegefachsprache. Mir ist es ein Anliegen, Mitarbeiterinnen und Mitarbeiter im ambulanten Pflegedienst dabei zu unterstützen, ihre Leistungen verständlich zu kommunizieren. Es grenzt für mich an Körperverletzung, mit Angehörigen nicht über deren Ansprüche zu reden, aus dem Gefühl heraus, Leistungen anzubieten gehöre nicht zum Berufsbild. Die Aufgabe von Pflegediensten, die Beratung ernstzunehmen, ist es, ihre Pflegekunden zu befähigen, eine gute Entscheidung zu treffen. Und genau dafür braucht es wirkungsvolle Kommunikation.

Und das ist genau mein Thema: wirkungsvolle Kommunikation, damit Beraten, Verkaufen und Führen leichter gelingt.

Wir alle nutzen unsere Sprache eher intuitiv und unbewusst. Einerseits ist das auch gut so, denn wir würden ja nicht von der Stelle kommen, wenn jedes Wort, das unsere Lippen verlässt, vorher bewusst geprüft werden würde. Andererseits produzieren wir mit unserer Sprache Missverständnisse am laufenden Band. Wie oft hören wir Aussagen wie: „Das hatten wir so nicht besprochen!" oder „Daran kann ich mich nicht erinnern!" oder „Das habe ich anders verstanden!"

Eines meiner Lieblingssprichwörter von George Bernard Shaw beschreibt diesen Zustand treffend: „Das Problem bei der Kommunikation ist die Illusion, dass sie stattfindet!"

Was wollen wir mit unserer Sprache be-wirken?

Wir sprechen vom ersten Moment unseres Lebens an. Als Neugeborenes sagen wir mit unserem Schreien: „Mach mich sauber, halt mich warm, zieh mir etwas an, gib mir etwas zu essen, hab mich lieb!" Glasklare Appelle an unsere Umwelt.

Immer, wenn wir als Erwachsene sprechen, wollen wir ebenfalls etwas bei anderen Menschen bewirken. Wir möchten, dass unsere Gesprächspartner uns für klug, sympathisch und kompetent halten. Wir wünschen uns deren Zustimmung zu unseren Ideen, Bitten, Angeboten oder Vorschlägen.

Nun sind schöne Sprachformeln noch keine Garantie dafür, dass dies gelingt. Im Gegenteil. Manchmal wirken geschliffene wohlformulierte Sätze antrainiert, aufgesetzt und sind völlig wirkungslos.

Auf die innere Haltung kommt es an

Von dem Philosophen Sokrates, der knapp 400 Jahre vor Christi Geburt gelebt hat, ist folgendes Zitat überliefert: „Sprich, damit ich Dich sehe!" Sollte es nicht besser heißen: „Sprich, damit ich Dich höre?" Nein, es geht darum, dass wir Menschen immer auf der Basis unserer persönlichen Sammlung von Grundüberzeugungen, Glaubenssätzen oder Prinzipien sprechen. Im Englischen sagt man „Mindset" dazu.

Deshalb geht es in meiner Arbeit immer zuerst um die innere Haltung, die Überzeugungen und Einstellungen. Und zwar zu uns und unseren Schwächen und Stärken, zu der jeweiligen Situation, zur Aufgabe, zu Pflegebedürftigen, Angehörigen, Kolleg/innen und den Zielen des Unternehmens. Unser Mindset prägt die Wirksamkeit unserer Sprache.

Es ist ein Unterschied und es hat Auswirkungen auf Sprache und Motivation, ob man zum Ziel hat …

- … Pflegegrade auszuschöpfen, statt Pflegekunden zu befähigen, ihre Ansprüche wahrzunehmen.
- … Pflegebesuche in 15 Minuten zu absolvieren, statt kontinuierliche Beratung auf dem Weg in die Zukunft zu bieten.
- … Dienstbesprechungen als Infoveranstaltung, statt als Diskussions- und Ideenplattform zu nutzen.
- … Pflegekunden zu versorgen, statt es ihnen zu ermöglichen so lange, so sicher und so selbstständig wie möglich ihr Zuhause genießen zu können.

Claudia Henrichs

ist Expertin mit Herz für wirkungsvolle Kommunikation im ambulanten Pflegedienst. Sie unterstützt Leitungskräfte sowie Beratungsmitarbeiter und -mitarbeiterinnen dabei, ihre Sprache zielführend einzusetzen, ohne dass sie dabei ihre Individualität verlieren. Leichter beraten, verkaufen und führen, das ist ihr Ziel. Als selbstständige Beraterin und Trainerin teilt sie ihr Wissen in Workshops und Vorträgen vor Ort, aber auch in den sozialen Medien, in ihrem Podcast und mit Onlinekursen und -coachings. Ihr Berufsweg führte sie von der Versicherungskauffrau über die Erwachsenenbildung zur Vertriebstrainerin. Nebenberuflich studierte sie Diplompädagogik. Mit 42 Jahren machte sie sich als Unternehmensberaterin für Persönlichkeitsentwicklung selbstständig.

» ... heimliche Leistungen anzuprangern, statt gemeinsam zu bearbeiten, wie diese in vertragliche Angebote umgewandelt werden können.
» ... permanenten Personalmangel zu verwalten, statt das WOFÜR des Pflegedienstes in bildhafter Sprache lebendig werden zu lassen.

Nur wer Klarheit über sein Mindset gewonnen hat, kann gezielt kommunizieren.

Frauen machen die Pflege stark!

Der Pflegeberuf ist eine Frauendomäne. Laut einer Veröffentlichung des Bundesgesundheitsministeriums sind mehr als 85 % aller Beschäftigten in der Pflege weiblich. Aufgrund ihrer Sozialisation leider auch oft ohne Berücksichtigung ihrer eigenen Bedürfnisse und im Verhältnis zu ihren Kompetenzen und Fähigkeiten mit zu wenig Selbstwertgefühl.

Viele kompetente, starke und empathische Frauen fühlen sich machtlos, wenn Arbeitgeber, Verbände und Politiker über ihre Köpfe hinweg entscheiden. Das gleichzeitige Bewältigen von Beruf (oft Teilzeitarbeit), eigener Familie und zunehmend auch der Pflege von Eltern und Schwiegereltern lässt kaum Raum für das Initiieren von Veränderungen.

Je häufiger Menschen die Erfahrung machen, dass sie organisiert und verwaltet werden, desto seltener bringen sie den Mut auf, sich als Entdecker und Gestalter ihres eigenen Lebens auf den Weg zu machen. Wie die Pflegedienstleitung, von der verlangt wurde, mit einem Computer aus den 70er Jahren komplexe wirtschaftliche Berechnungen anzustellen, und die sich nicht traute, einen neuen Computer zu fordern oder die Berechnungen sein zu lassen.

Wer alte Muster durchbrechen will, braucht Vertrauen in sich selbst, in seine Fähigkeiten, Erfahrungen und das eigene Wissen.

Selbstbewusst konventionelle Regeln hinterfragen und verändern

Ich möchte allen, und insbesondere Frauen, Mut machen, selbstbewusst konventionelle Regeln zu hinterfragen und zu verändern. Über die Arbeitsbedingungen, die Bezahlung und schlechte Arbeitgeber wird oft geschimpft. Meine Erfahrung aus ganz vielen Begegnungen mit wundervollen Menschen, die in der ambulanten Pflege arbeiten, zeigt, dass es ganz viel Potenzial und viele Ideen gibt, die Pflegewelt für alle Beteiligten besser zu gestalten. Wenn die Vorstellung von diesem „Besser" ein Sehnsuchtsziel ist, dann gilt es dafür Energie und Mut aufzuwenden.

Meine Kunden (Auftraggeber und Teilnehmende, überwiegend Frauen) stärke ich, indem ich ihnen mit der Haltung begegne, dass alles Wissen, alle Fähigkeiten und Kompetenzen, die sie brauchen, schon in ihnen vorhanden sind. In meiner Arbeit geht es nicht um die Reparatur von Defiziten, sondern um gemeinsames Wachsen. Darum erhält jeder eine Postkarte mit der Aufschrift: „Du bist wertvoll!"

Miteinander teilen, voneinander profitieren, gemeinsam wachsen

Getreu meinem Motto „Miteinander teilen, voneinander profitieren, gemeinsam wachsen" teile ich auf meiner Webseite und im kostenfreien Podcast „PFLEGE. ambulant: leichter beraten, verkaufen und führen" ganz viele wertvolle Impulse.

Neben dem Thema „Wirkungsvolle Kommunikation in Kundengesprächen und Führung" lade ich Interviewgäste ein, die mit Herz, Seele, Leidenschaft und Begeisterung für und in der ambulanten Pflege arbeiten. In den Interviews geht es immer darum, wie meine Gäste es schaffen, begeisterte Führung, wertschätzende Zusammenarbeit und lebensbegleitende Kundenorientierung zu leben. Deren Ideen, die meist ungewöhnlich und innovativ sind, erhalten durch den Podcast eine Breitenwirkung. Wenn zum Beispiel ein Geschäftsführer aus Bremen erzählt, dass er sich als Dienstleister seiner Mitarbeiter versteht, dann werden Leitungskräfte in ganz Deutschland, die eine ähnliche Vorstellung von Führung haben, in ihrer Einstellung bestätigt oder finden den Mut, etwas zu verändern.

Mir gefällt die Vorstellung, dass aus einem Streichholz ein ganzes Flammenmeer wird.

Ich lebe das, wovon ich spreche!

Viele Leitungskräfte finden es ungewöhnlich, dass ich sie einlade, zu Beginn einer Veranstaltung ein Führungsstatement abzugeben. Mir reicht eine 08/15-Begrüßung nicht aus und noch suboptimaler finde ich, wenn die Person, die den Workshop gekauft hat, sich gar nicht blicken lässt. Die Menschen, die sich zwei Tage aus ihrer Arbeit reißen, haben aus meiner Sicht ein Recht darauf zu erfahren, was die Leitung sich von dieser Veranstaltung verspricht.

Ein optimales Führungsstatement beinhaltet fünf Punkte und sollte nicht länger als sieben Minuten dauern:

- Wertschätzung der Mitarbeitenden für die geleistete Arbeit und das Engagement der letzten Zeit
- Welche Ziele werden wir bis Ende 2018 erreicht haben (konkrete Zahlen, Prozentsätze oder Maßnahmen)?
- Wie soll dieser Workshop dazu beitragen?
- Wie sieht die Zukunft aus, wenn wir nichts tun?
- Wie ich persönlich zu diesem Thema stehe!

Die Teilnehmenden meiner Workshops finden es ungewöhnlich, dass sie weder in Reihen noch in U-Form, sondern in kleinen Tischgruppen alle im selben Raum sitzen. Dadurch wird interaktive Zusammenarbeit erhöht und die meisten sagen am Ende des Tages, dass die Zeit wie im Flug vorbeigegangen sei. Die häufige Rückmeldung, dass ich das lebe, wovon ich spreche, freut mich sehr.

Auftraggeber und Teilnehmende erwarten zu Recht, dass ich in meinen Veranstaltungen Input liefere. Auf der Basis meiner didaktischen Kompetenz werden meine Impulse sofort ausprobiert, auf die eigene Individualität angepasst und sind dadurch leichter in die Praxis zu übertragen. Daher braucht es bei mir auch mehr Zeit, doch die Wirkung ist nachhaltiger.

Einer meiner Mentoren prägte den Spruch:

„Wissen ist Macht! Haste gedacht!
Nur Könner sind König!
Und Können kommt von üben, üben, üben!"

Ein modernes Führungsverständnis setzt auf Beteiligung

An der fitten Pflege der Zukunft sind viele beteiligt. Menschen mit Einfluss müssen dafür sorgen, dass es nicht in jedem Bundesland unterschiedliche Verordnungen und bei fast jeder Kasse unterschiedliche Abrechnungserfordernisse gibt. Eine Vereinheitlichung würde viel Zeit frei machen, die Pflegedienstleitungen für ihren Hauptjob nutzen können: Eine fördernde Führungskraft zu sein.

» Geschäftsführungen müssen sich neuen Modellen gegenüber öffnen, wie es sie zum Beispiel bei Buurtzorg in den Niederlanden gibt. Dort arbeiten selbst organisierende Teams und das Unternehmen erhält 400 Initiativbewerbungen pro Monat. Warum soll das in Deutschland nicht ähnlich funktionieren?
» Leitung braucht ein moderneres Führungsverständnis. Mitarbeitende müssen mehr beteiligt werden, brauchen mehr Informationen über den Zweck und den Sinn des Unternehmens, damit sie Verantwortung übernehmen können.
» Dem Qualitätsmanagement und den Expertenstandards wird ein hoher Stellenwert in der Pflege beigemessen. Mindestens genauso wichtig ist es, in die Persönlichkeitsentwicklung der Menschen zu investieren, die tagtäglich einen wichtigen Beitrag in unserer Gesellschaft leisten.
» Vielen Pflegekräften wünsche ich, dass sie weniger Zeit mit Jammern und Klagen in den sozialen Netzwerken verbringen, sondern den Mut aufbrin-

gen, sich konstruktiv für eine Veränderung ihrer Arbeitsbedingungen einsetzen. Dies kommt ihnen selbst und auch den Pflegekunden zugute.

» Wie eine Karikatur beschreibt, ist es ein marktwirtschaftliches Paradox, dass Altenpfleger überdurchschnittlich begehrt und unterdurchschnittlich bezahlt werden. Paradox finde ich ebenfalls, dass Pflegekräfte händeringend gesucht werden, die Wertschätzung für deren Arbeit allerdings eher gering ausfällt.
» Wir alle müssen uns dafür stark machen, dass alten und kranken Menschen in unserer Gesellschaft ein höherer Wert beigemessen wird. In der Regel sind es unsere Vorfahren, erfahrene und weise Menschen, die den Weg für uns bereitet haben.

Wenn das gelingt, wird auch das Ansehen der Pflegeberufe steigen. Lassen Sie uns alle einen Beitrag dazu leisten!

Pflege muss raus aus dem Zuschauersessel

Aus einem Streichholz kann ein ganzes Flammenmeer werden, sagt Claudia Henrichs. Sie ist überzeugt, dass es viele gute Vorbilder gibt, die den Weg bereiten. Und dass es möglich ist, sich zu vernetzen, um gemeinsam die Anliegen in der Pflege voranzutreiben. Eine Voraussetzung dafür gibt es jedoch: die Bereitschaft, sichtbar zu werden.

Wer etwas verändern möchte, darf nicht einfach nur klagen und dabei in der Zuschauerperspektive verharren. Ganz so, als sei man selbst nicht beteiligt oder betroffen. Ja, Pflege ist am Limit. Pflege arbeitet zu viel und verdient zu wenig. Aber dennoch ist die Pflege stark. Sie ist eine riesige Berufsgruppe. Sie kann sich ihren Arbeitgeber mittlerweile aussuchen. Sie ist ein Mangelberuf. Sie ist derzeit in aller Munde. Das ist wie ein Elfmeter, der verwandelt werden muss. Aber dafür muss man eben auch aufs Spielfeld gehen.

KAPITEL 2

Pflege ist …

GESICHT ZEIGEN

Pflegekräfte stärken

Die vergangenen Jahre brachten eine wahre Flut an Pflegegesetzgebungen. Aber viele der Gesetze greifen eben nur dann positiv, wenn auch genug Personal vorhanden ist. Und genau hier hat die Legislative bislang versagt. Die besten Leistungsverbesserungen in der Pflege- und Krankenversicherung sind wertlos, wenn es kein Personal gibt, das sie umsetzen kann.

Pflege ist kein Randthema mehr. Mit der letzten Bundestagswahl ist die Pflege ins Rampenlicht gerückt. Einer der Auslöser war sicherlich der Pflege-Auszubildende Alexander Jorde, der die Bundeskanzlerin in der Wahlarena mit den täglichen Problemen der Pflege konfrontierte. Alles keine Neuigkeiten übrigens. Und nichts, was nicht schon in irgendeiner Rede im Deutschen Bundestag vorgetragen worden wäre. Aber an diesem Abend in der Wahlarena konnte nicht weggehört werden, konnte nichts relativiert oder beschönigt werden. Die Fakten des Pflegenotstandes waren für die Politik Realität geworden.

> **Für mich ist es ein elementarer Teil des Arbeitslebens, eine gewerkschaftliche Vertretung zu haben.**
>
> *Thomas Agel*

Und ganz Deutschland war Zeuge. Was für die Kanzlerin offenbar neue Informationen waren, ist für die Pflegekräfte schon lange Alltag. Aber auch hier ist mittlerweile die Bereitschaft, den täglich erlebten Pflegenotstand weiter mitzutragen, nicht uneingeschränkt vorhanden. Die Pflege wird an vielen Orten aktiv und zeigt Gesicht. Zunehmend machen Pflegende auch in Streiks auf die unhaltbaren Zustände aufmerksam. Wo Fluglotsen, Bahnangestellte oder Piloten wenig Hemmung haben, ihr Streikrecht wahrzunehmen, ist die Pflege zurückhaltend. Oft mit der Begründung, sie könnten die hilfebedürftigen Menschen nicht im Stich lassen. Und ja, Streik ist die Ultima Ratio. Im Kern geht es um zwei zentrale Herausforderungen. Zum einen müssen die Arbeitsbedingungen der Pflegekräfte verbessert werden. Das bedeutet bessere Personalausstattung und Gehaltsstrukturen sowie attraktivere Arbeitszeitmodelle. Zum anderen brauchen die Pflegekräfte mehr Einfluss- und Mitsprachemöglichkeiten. Eine gewerkschaftliche Vertretung wäre, wenn es um Verdienst und Tarifverhandlungen geht, der richtige Weg. Aber der Organisationsgrad in der Pflege ist im Verhältnis zu anderen Branchen gering. Die Altenpflege ist bei der Mitgliedschaft bei ver.di noch verhaltener als die Gesundheits- und Krankenpflege. Als Grund wird oft der eigene geringe Verdienst genannt. „Wie sollen wir denn bei unserem Gehalt auch noch Gewerkschaftsbeiträge leisten können?" Da beißt sich die Katze aber leider in den Schwanz. Ein geringer Organisationsgrad bedeutet natürlich auch eine geringere Schlagkraft. Vielen Pflegekräften ist oft nicht klar, warum es sich lohnt, sich im Betriebsrat oder bei ver.di zu engagieren. Engagement heißt „Gesicht zeigen" und Stellung beziehen, um nicht unterzugehen in einer diffusen Masse.

Das Thema Streik und Einstehen für bessere Arbeitsbedingungen ist in der Pflege noch immer ein Tabu. Bei Facebook konnten wir eine Diskussion verfolgen, in der jemand für die Frage förmlich zerrissen wurde, was die Pflegekräfte davon abhält zu streiken. Breit wurde hier die Meinung geäußert, dass Pflege Berufung sei und man das nicht für die Bezahlung mache. Man könne nur pflegen, wenn einem die Menschen am Herzen lägen und dann mache man eben auch Überstunden. Eine Pflegekraft postete: „Wenn man seinen Beruf liebt, dann achtet man nicht auf die Zeit oder alles andere, sondern dann steht der Patient, aber auch nur der Patient im Vordergrund." Das ist eine sehr selbstlose Herangehensweise. Dieser Facebookpost atmet noch immer den Geist „Pflegen, um zu dienen!" Es ist der Geist der Schwesternschaften und Diakonissen. Diese Einstellung zur Pflege, die damals noch eher Berufung als Beruf war, konnte nur innerhalb der entsprechenden Lebensumstände funktionieren. Diakonissen waren der Ursprung der Diakonie. Sie lebten unverheiratet in Diakonissenmutterhäusern, die im 19. Jahrhundert gegründet wurden. Diakonissen arbeiteten in Sozial- oder Pflegeberufen. Gehalt, eine auskömmliche Altersversorgung oder familienfreundliche Arbeitszeiten spielten bei ihnen und ihrer Arbeit keine Rolle. Diakonissen lebten rein für ihren diakonischen Auftrag. Am Ende ihres Arbeitslebens kehrten sie in ihr Mutterhaus zurück und brauchten sich bis zu ihrem Lebensende keine Sorgen zu machen. Dieses Selbstverständnis von Selbstlosigkeit ist in vielen Köpfen noch fest verankert. Sei es in der Pflege selbst oder auch in der Erwartungshaltung unserer Gesellschaft an die Pflege. Aber Pflege wird heutzutage fast ausschließlich von weltlichen Pflegekräften geleistet, selbst wenn sie in kirchlichen Einrichtungen arbeiten. Natürlich spielen da die Bezahlung, die Arbeitsbedingungen, die Familienfreundlichkeit eine große Rolle.

Und darum hat eine gewerkschaftliche Vertretung eine absolute Berechtigung.

Erstaunlich ist auf den ersten Blick, dass die Gesundheits- und Krankenpflege einen höheren Organisationsgrad hat als die Altenpflege. Warum das nur auf den ersten Blick so ist und warum es dafür Gründe gibt, berichtet Thomas Agel. Er selbst ist Krankenpfleger und freigestellter Personalratsvorsitzender bei den Kliniken HochFranken.

THOMAS AGEL

Der Altenpflege täte es gut, sich zu organisieren

„Um zu verstehen, warum die Altenpflege gewerkschaftlich nicht so gut organisiert ist wie zumindest teilweise die Krankenpflege, muss man sich die gesellschaftlichen und wirtschaftlichen Entwicklungen genauer anschauen. Vor vielen Jahren ging über die Kliniken eine Privatisierungswelle. Viele Kommunen stießen defizitäre Häuser ab. Private Träger übernahmen einen Großteil dieser Häuser. Damals wurde an der Lohnschraube gedreht und man verabschiedete sich aus der Tarifbindung. Die privaten Träger schlossen eigene Tarifverträge ab. Tarifverträge werden grundsätzlich mit der Gewerkschaft abgeschlossen.

Und so traten viele Krankenschwestern und Krankenpfleger in die Gewerkschaft ein, um einen guten Tarifvertrag – auch bei den Privaten – zu erstreiken oder auch erkämpfen zu können. In der Altenpflege ist die Situation etwas anders. Die Altenpflege ist zersplittert. Viele Kommunen und Wohlfahrtsverbände haben die Altenpflege übernommen und auch hier ihre eigenen Tarifverträge gemacht. In der Regel waren die nicht so gut wie in den Krankenhäusern. Durch den dritten Weg sind Vertretungsmöglichkeiten in den einzelnen Einrichtungen schwieriger. Oft fehlen Personalvertretungen und Betriebsräte und es greift kein Betriebsverfassungsgesetz oder Personalvertretungsgesetz. Auch in der Altenpflege kam es zu einer Privatisierungswelle. In der Krankenpflege war diese aber deutlicher zu spüren. In der Altenpflege war es eher ein schleichender Prozess über viele, viele Jahre hinweg.

Ich selbst bin Personalratsvorsitzender. In meinem Haus bin ich für die Belange der Beschäftigten zuständig. Für alles, was im bayerischen Personalvertretungsgesetz steht. Das Personalvertretungsgesetz ist Ländersache. Anders ist es beim Betriebsverfassungsgesetz, das bundesweit gilt. Das heißt, ich muss ganz klar trennen, ob ich als Personalrat oder als ver.di agiere, denn ich habe Friedenspflicht im Haus.

Natürlich profitieren auch Pflegekräfte, die nicht Mitglied in der Gewerkschaft sind, von deren Arbeit. Aber ohne die Gewerkschaft gibt es keinen Tarifvertrag. Und ebenfalls keine Lohnerhöhung. Es wird immer wieder argumentiert, dass die Mitgliedschaft pro Monat ein Prozent vom Lohn kostet. Aber es muss den Beschäftigten einfach bewusst sein, dass es anders nicht geht. Wenn wir was erreichen wollen – Lohnerhöhung, bessere Arbeitsbedingungen sind ja momentan ein sehr großes Thema – dann ist es unter anderem die Gewerkschaft, die uns zusammenhält und die uns auch vertreten kann. Ideen gibt es viele. Aber der eigentlich schwierige Weg ist die Umsetzung. Wie bringe ich es der Politik bei? Wie bringe ich es meinem Vorstand in der Klinik bei? Wie bringe ich es einem Verwaltungsrat bei, dass dieses oder jenes notwendig wäre, um im Endeffekt die Situation verbessern zu können? Sei es das Gehalt oder sei es die Dienstplanung. Die Gewerkschaft ist das Organ, das als Verhandlungspartner entsprechende Vereinbarungen in einem Tarifvertrag festschreiben kann.

Und als ver.di-Mitglied hat man natürlich auch die Möglichkeit, dafür zu streiken. In einer solchen Situation braucht es ver.di dann zum Beispiel, um auch in einer Streikphase rechtlich sicher zu sein. Prinzipiell hat auch die Berufsgruppe der Pflege, ob Kranken- oder Altenpflege, wie jede Berufsgruppe auch, das Recht, einen Streik durchführen zu können. Ein

Thomas Agel:

Ursprünglich Textiltechniker, machte Thomas Agel noch eine Ausbildung zum Krankenpfleger. Bevor er freigestellter Personalratsvorsitzender der Kliniken Hoch-Franken wurde, leitete er dort die Ambulanz. Ihm wurde das Thema Gewerkschaft quasi in die Wiege gelegt. Schon als Auszubildender war er Mitglied einer Gewerkschaft. Für Thomas Agel ist ein Arbeitsleben ohne gewerkschaftliche Vertretung unvorstellbar.

solcher schwerwiegender Schritt sollte jedoch im Interesse der Pflegebedürftigen, deren Angehörigen und natürlich der Pflege sein.

Aber es muss ja nicht unbedingt ein Streik sein, es kann ja auch mal eine aktive Mittagspause organisiert werden, um Signale zu setzen. Man muss in diese gewerkschaftliche Arbeit reinwachsen. Man braucht dafür seine Sekretäre, die unterstützen und begleiten. Und dafür braucht es natürlich auch einen Organisationsgrad. Es bedeutet „Gesicht zeigen".

Sich gewerkschaftlich zu organisieren wird oft im Elternhaus vorgelebt. Man bekommt es quasi in die Wiege gelegt. Bei mir war es nicht anders. Bevor ich in die Pflege ging, war ich in der Textilindustrie tätig. Damals hat es keinen Tag gedauert und ich war schon Mitglied in der Gewerkschaft. Das gehörte einfach dazu. Es wäre merkwürdig gewesen, nicht Mitglied in der Gewerkschaft zu sein. Diese Grundhaltung gibt es in der Pflege nicht. Vieles hat sich aus Schwesternschaften entwickelt. Pflegen, um zu dienen. Pflege ging einer Berufung nach. Gewerkschaft hatte da keinen Raum.

Die Zeiten haben sich aber verändert. Auch der Altenpflege täte es gut, sich zu organisieren. Aber Organisation in der Gewerkschaft ist keine Einbahnstraße. ver.di sollte auch aktiv auf die Altenpflege zugehen und erkennbar werden. Da ist noch viel Aufklärungsarbeit zu leisten. Die Gewerkschaft sollte auch darüber nachdenken, was sie besser machen könnte. In der Krankenpflege war es tatsächlich zunächst sehr schwierig, vieles war an die Wand gefahren. Erst dann wurden die Leute aktiver. Besser wäre es, man ließe es nicht so weit kommen. Egal, in welchem Bereich der Pflege man arbeitet.

Für mich ist es ein elementarer Teil des Arbeitslebens, eine gewerkschaftliche Vertretung zu haben."

Für Thomas Agel ist ein Arbeitsleben ohne Gewerkschaft undenkbar. Und für ihn ist es auch undenkbar, sich nicht selbst zu engagieren. Ihm wurde es in die Wiege gelegt und in seinem ersten Ausbildungsberuf in der Textilindustrie war es quasi „Nestbeschmutzung", wenn man kein Gewerkschaftsmitglied war. In Berufen, die stark von Männern dominiert sind, ist es offensichtlich gang und gäbe, gewerkschaftlich engagiert zu sein.

Die Pflege ist überwiegend weiblich. Mehr als 75 % der Pflegenden sind Frauen. Zeit für die Gewerkschaften, insbesondere ver.di, sich darauf einzustellen? Wie Thomas Agel richtig anmerkt, ist Gewerkschaftsarbeit keine Einbahnstraße. Es gilt, die Pflegenden auch mit ihren Bedürfnissen abzuholen und noch deutlicher zu machen, was genau der Mehrwert einer Mitgliedschaft ist.

Pflege in Öffentlichkeit und Medien

Pflege ist in die Schlagzeilen geraten – zum Glück. Denn genau da gehört sie hin. Zunächst aber nicht nur mit Skandalen. Denn das ist an vielen Stellen noch immer das Geschäftsmodell der Medien. Nach dem Motto „Je schlimmer, desto mehr Aufmerksamkeit" wird eine Horrormeldung nach der nächsten, ob begründet oder nicht, durch die Berichterstattung gejagt.

Aber es geht auch anders. Da ist Alexander Jorde, der mit seinen Kommentaren in der Wahlarena eine Welle an Medienaufmerksamkeit für das Thema Pflege im Wahlkampf ausgelöst hat. Plötzlich wurde das Thema Pflege selbst und nicht eventuelle Pflegefehler und Versäumnisse in den Fokus genommen.

Der Pflegenotstand wurde benannt und war damit auch endlich in der Politik existent. Es ist fast beschämend, dass dies ein Auszubildender auf die Tagesordnung unserer Politik und Gesellschaft bringen muss. Zum Glück flachte die Aufmerksamkeit nicht sofort wieder ab, sondern rief auch Medienformate auf den Plan, bei denen man das Thema Pflege zunächst nicht erwartet.

Der Narr hält uns als Gesellschaft den Spiegel vor!

Die Pflege wurde 2017 Wahlkampfthema bei allen Parteien und sie schaffte es immer öfter in die Medien. Printmedien, die ernsten Journalismus betreiben und nicht nur hinter der schnellen Meldung her sind, befassten sich ausführlich mit der Pflege. Ebenso wurde in Talkshows, Politikmagazinen oder Nachrichtensendungen Pflege zu einem DER Themen. Und auch die Satire entdeckte dieses ernste Thema für sich, griff es beispielsweise in der „heute show" auf.

Die politische Kabarettsendung „Die Anstalt" widmete am 5.12.2017 eine komplette Sendung dem Thema Pflege. Unter anderem trat Sabrina Maar von CareSlam (Youtube: https://youtube.com/watch?v=b9FsE3gR5V8) auf. Das heißt, die Pflegebasis selbst war Teil dieser Kabarettsendung. Das ist neu, denn in der Regel wird über die Pflege geredet und sie kommt nicht selbst zu Wort. CareSlam ist ein Vortragsformat, das den PoetrySlam und den ScienceSlam verbindet. Beim PoetrySlam werden Gedichte vorgetragen, der ScienceSlam befasst sich mit wissenschaftlichen Inhalten. Der Fokus beim CareSlam liegt auf der Pflege. Es geht um die Missstände im Pflegeberuf und in der pflegerischen Versorgung. Es geht um alles, was die Vortragenden umtreibt. Die Vortragenden sind Pflegekräfte, die damit das Thema Pflege auf die Bühne, auf Kongresse oder auch in die Medien bringen. Übrigens braucht es dafür keinerlei Bühnenerfahrung. Im Gegenteil: Es ist erwünscht, dass jeder und jede sich auf die Bühne traut. Es gibt kein Richtig und Falsch, kein Gut und kein Schlecht. Jeder Vortrag hat genau so, wie er ist, seine Berechtigung. Dass eine ganze Kabarettsendung sich dem Thema Pflege widmet, zeigt die Brisanz. Sabrina Maar vom CareSlam sagte in der Sendung, es wäre an der Zeit, dass die Basis selbst das Wort ergreife. Ihre Worte sind eindringlich, schonungslos und machen nachdenklich – wie bei jedem CareSlam-Vortrag. Bei dieser Sendung blieb uns das Lachen des Öfteren im Halse stecken. Wahre Sätze, die im Rahmen dieses Kabaretts wie absurde Witze daherkamen. Eine Kontrolle des MDKs für den Pflege-TÜV wurde kommentiert mit „Schlechte Pflege wird gut, wenn man sie gut dokumentiert!" Ein Dialog zwischen einem Angehörigen und seinem Vater im Pflegeheim lautete: „Wie geht es dir?" – „Ich habe eine Windel an ..." – „Ohhhh ... Schön hast du es hier ..." Wir hörten Sätze wie „Wir haben in der Pflege Würde im Überfluss – im Konjunktiv ... Frau Meier, ich WÜRDE Ihnen gerne helfen, aber wir haben Pflegenotstand ..." Der Narr hält der Gesellschaft den Spiegel vor. Genau so war es in der „Anstalt" an diesem Abend.

Pflege soll und muss auf die Bühne. Es ist nur folgerichtig, dass das Thema – mit bitterem Beigeschmack – in Satiresendungen auftaucht. Es ist ein Thema, das die Gesellschaft bewegen sollte – im wahrsten Sinne des Wortes. Wir alle werden später einmal alt, werden gepflegt, und der Trend in der Gesellschaft besagt eindeutig, dass wir nicht mehr von unseren Angehörigen gepflegt werden. Warum also sind wir nicht alle längst auf der Straße, um zu demonstrieren? Wenn es um die Arbeitsbedingungen von Pflegerinnen und Pflegern geht, geht es um die Bedingungen, unter denen alte Menschen in unserer Gesellschaft ihren Lebensabend verbringen. Die Erfahrung zeigt, dass es möglich ist, die breite Masse für ein Thema zu mobilisieren: Sehen wir uns den Women's March an oder die „Unteilbar"-Demo in Berlin. Doch dafür muss das Thema Pflege auf der Agenda bleiben. Dafür muss die Bühne für die Pflege größer werden und aus ZuschauerInnen müssen Mitwirkende werden. Es stellt sich natürlich die Frage: Wie erreichen wir das? Und da kommt man nicht umhin festzustellen: Sichtbarkeit erfordert einen gewissen Organisationsgrad, denn ohne den kann man nicht mobilisieren. Und sie erfordert Hartnäckigkeit: Nur wenn Pflege als gesellschaftlich relevantes Thema in den Köpfen der Menschen verankert ist, sind sie bereit, dafür einzutreten. EinzelkämpferInnen können manchmal viel erreichen, doch nur gemeinsam sind Pflegende stark.

Auf der Homepage von CareSlam (www.careslam.org) können wir lesen:

„Wir müssen reden. Miteinander und zu allen anderen, denn wir haben etwas zu sagen! Diesmal wird auch nicht mehr über uns geredet, denn jetzt ergreifen wir Betroffene selbst das Wort. Es wird Zeit!

Von Azubis bis zum Präsidenten der Landespflegekammer und Pflegerat. Die examinierte Krankenschwester ebenso wie der Pflegehelfer. Die Sexualassistentin und die Puppenspielerin. Ob jung und alt, männlich oder weiblich. So verschieden wie die Menschen in der Pflegelandschaft sind auch wir CareSlammer.

So stehen wir nun auf der Bühne – wir können nicht mehr anders.
Wir müssen reden: über unseren Alltag, unsere Sorgen, unsere Verzweiflung und unsere Wut. Aber auch über unsere Freude, die Erfolge und unsere Leidenschaft. Darüber, was wir können und leisten, und darüber, was wir gerne tun würden – wenn man uns nur ließe. Über die Pflege.

Deswegen gibt es den CareSlam. Damit wir eine Bühne haben, um zu reden und zuzuhören. Uns auszutauschen und uns mitzuteilen. Geschützt, aber auch offen für jeden.

Wir werden gehört werden, wenn wir es wollen!"

KAPITEL 3

Pflege neu gestalten:

FÜHRUNGSKRÄFTE IN DER STATIONÄREN PFLEGE

Für viele ist die Personalfrage der Dreh- und Angelpunkt in der Pflege. Wenn erst einmal genug Personal da ist, dann ist der Pflegenotstand auch Geschichte, so hofft man. Dem ist leider nicht so. Es geht nicht nur darum, ausreichend viele Pflegekräfte zu haben. Es geht auch darum, die richtigen Menschen in Führungspositionen zu bringen und zu halten. Führungskräfte und gute Führungskompetenzen fallen nicht vom Himmel. Es braucht Motivation und eine gute Vorbereitung, um eine Führungsposition zu übernehmen und anschließend auch auszufüllen. Wenn nur der Wunsch besteht, weg vom Bett zu wollen, kann das fatale Auswirkungen haben. Es braucht fundierte Kenntnisse und Instrumente zur Personalführung.

> **Teamentwicklung setzt voraus, dass die Menschen lernen, die Perspektive zu wechseln.**
>
> *Antje Hirt*

Erfreulicherweise bewegt sich derzeit viel, gerade im Bereich des Führungsstils. Es gibt immer mehr Arbeitgeberinnen und Arbeitgeber, aber auch einzelne Führungskräfte in der Pflege, die ihren Mitarbeiterinnen und Mitarbeitern mehr Eigenverantwortung ermöglichen. Dies erfordert Mut und Vertrauen. Mut vonseiten der Führungskräfte, Verantwortung abzugeben, und Vertrauen der Pflegekräfte, sich selbst mehr einzubringen. In einem Arbeitsbereich wie der Pflege, wo man an ein Hierarchiedenken gewöhnt ist, wo man große Angst davor hat, Fehler zu machen, wo eigenverantwortliches Handeln rar ist, ist diese Art des Führens ungewohnt. Die Pflege fühlt sich immer unter Druck, unter Beobachtung, im Zugzwang. Viele Prüfinstanzen, allen voran der MDK und die Heimaufsicht, haben die Pflege zu einer Marionette gemacht, die sich fremdbestimmt fühlt. Und die wenig eigenverantwortlich und selbstbewusst ihre eigene Fachlichkeit demonstriert. Sabrina Loyal, die im Kapitel 6 nochmals zu Wort kommt, hat uns hier in einer Mail ihre Haltung dazu geschrieben:

Ein eigenverantwortliches Team entlastet die Chefin

„Obwohl ich eine Fachkraft bin und wirklich meine Berufung liebe und lebe und auch Entscheidungen für das Beste treffen kann, durfte ich keine Entscheidungen treffen. Wenn die Chefin nicht da war, lief es in unserem Team harmonisch und nötige Entscheidungen wurden zum Wohle aller getroffen. Wenn die Chefin jedoch anwesend war, traute sich niemand, irgendetwas selbst zu entscheiden. Jede Kleinigkeit wurde bei ihr abgefragt. Und dann beschweren sich Chefs, dass sie so viel zu tun haben. Ich selbst wäre als Chefin froh und stolz, ein selbstständiges Team unter mir zu haben, wo alles Hand in Hand geht. Viele beschweren sich, sind unzufrieden, fühlen sich nicht gut genug, nicht wertgeschätzt. Kein Wunder. Wenn ich verantwortlich handeln würde, würde ich merken, dass der Laden läuft, auch wenn nicht alles die Chefin entscheidet. Ein eigenverantwortliches Team entlastet eine Chefin. Das sollte wertgeschätzt werden, macht stolz und zufrieden und schafft insgesamt ein besseres Teamgefühl. Warum ist das in dieser Gesellschaft nicht erwünscht? Warum machen sich so viele gegenseitig kaputt? Warum sind immer mehr Arbeitskräfte langzeitkrank? Das liegt nicht an der „schweren" Arbeit. Es liegt an der Unfähigkeit, als Team zu agieren, in dem jeder Einzelne sich vollwertig fühlen kann. In einem Team ist jeder Mitarbeiter ein Individuum, mit Stärken und Schwächen, und das kann sich so wunderbar ergänzen. Stattdessen wird auf den Schwächen des Einzelnen noch rumgetreten und die Stärken werden beneidet und auch schlecht gemacht. Ich verstehe das nicht. Für mich ist das alles unnötig. Gesetzgebung und Personalmangel hin oder her. Für mich ist das größte Problem das Fehlen von Empathie untereinander. Wir machen es uns noch schwerer, als es eh schon ist."

Das sind klare Worte. Es ist sicher kein Einzelfall, dass man sich nicht traut, etwas alleine zu entscheiden, sondern immer die Vorgesetzten anfragt. Da gibt es eine große Angst vor eventuell falschen Entscheidungen, die dann selbst zu verantworten sind. Die Fehlerkultur in der Pflege lässt da ehrlich gesagt auch einiges befürchten. Wie in kaum einer anderen Branche werden in der Pflege Fehler nicht als Chance, Dinge zu verbessern, gewertet. Fehler werden allzu oft totgeschwiegen, vertuscht, wegdokumentiert. Die Gründe dafür liegen auf der Hand. Die Angst vor den Prüfinstanzen ist ständig präsent. Es herrscht ein großer Wettbewerbsdruck. Darum fällt es Führungskräften sicherlich auch oft schwer, das Heft des Handelns aus der Hand zu geben. Es erfordert Mut und Vertrauen.

Antje Hirt ist Führungskraft in einer Demenzeinrichtung in der Schweiz. Sie schreibt sehr eindrücklich über die Grundangst, die Menschen im Gesundheitswesen bereits in der Ausbildung eingeimpft wird. Sie ist der festen Überzeugung, dass es die Aufgabe der Führungskräfte ist, diese Angst aufzubrechen. Antje Hirt empfindet eine Fehlerkultur als Entwicklungsturbo. „Pflege schweigt, wenn von einer übergeordneten Hierarchiestufe Schönreden angeordnet wird", so Antje Hirt. Sie fordert Dialoge, die mit wirklichen Inhalten gefüllt sind.

ANTJE HIRT

Vom eigenen Süppchen zum ausgewogenen Menü

Die Grundangst in der Arbeit mit Menschen

„Was ich an der Basis in der Langzeitpflege heute erlebe, ist angstbesetztes Handeln durch alle Hierarchieebenen. Die Angst, Fehler zu machen ist die Grundangst, die Menschen im Gesundheitswesen (mindestens in meiner Generation) bereits in der Ausbildung eingeimpft wurde. Praktisch jede Branche darf Fehler machen, am Ende sind es nur finanzielle Verluste oder Sachschäden. Macht aber die Pflege einen Fehler, dann sind es LEBEN. Und wer möchte sein Dasein fristen mit der Bürde, ein Leben auf dem Gewissen zu haben? Also setzen wir alles daran, keine Fehler zu machen. Deshalb lernen wir langsamer als andere Berufsgruppen, denn das kollektive Lernen aus gemachten Fehlern verbieten wir uns selbst. Passiert dann doch mal ein Fehler, was bei so viel Menschenarbeit natürlich unvermeidbar ist, wird er hinter vorgehaltener Hand kommuniziert. Es lernen daraus nur direkt Betroffene. Die Angst vor der öffentlichen Diskussion ist so groß, dass nichts über Team- oder Institutionsgrenzen hinaus dringen darf. Einen bequemen Beitrag dazu leistet die Schweigepflicht, der wir alle unterliegen und die wir mit unserer Unterschrift bei Stellenantritt in Stein meißeln. Da haben wir uns den Maulkorb selbst angezogen und arbeiten nun in der permanenten Angst, den Schwur zu brechen. Und wenn wir ein Arbeitsverhältnis beenden und nun frei wären, unsere Meinung zu äußern, wird im Austrittsgespräch noch einmal diskret auf die Schweigepflicht hingewiesen, der man sich unterworfen hat, und daran erinnert, dass „Rufschädigung" Folgen haben könnte.

Diese Angst aufzubrechen ist die Aufgabe von Führungspersonen. Mit einer Haltung, die Fehler zulässt und den Mitarbeitern vermittelt, dass alles gesagt werden darf. Da das aber selten durch alle Hierarchiestufen hindurch der Fall ist, sind Mitarbeiter misstrauisch. Zu oft haben sie erlebt, dass Ähnliches zwar gesagt wurde, danach aber anders gehandelt. Denn wer die Mitarbeiter um Offenheit bittet, muss diese auch aushalten können. Ich bin inzwischen dazu übergegangen, meinen Teams zu sagen, dass sie mich nicht schonen dürfen. Wenn ich eine Frage stelle, sollen sie mir zutrauen, dass ich die Antwort verkrafte, egal wie diese sein wird. Im Gegenzug verspreche ich ihnen, dass ihre Antworten nicht zu einem Nachteil für sie selbst führen werden, sondern dass wir uns als Team dieser Thematiken annehmen. Leider musste ich auch die Erfahrung machen, dass ich diesen geschützten Rahmen auf Teamebene zwar bieten kann, aber mein Versprechen nicht immer halten, denn im mittleren Kader sind meine Kompetenzen begrenzt. Kommen durch diese offene Kommunikation Dinge ans Licht, die nicht nur das eigene Team betreffen, wird es schwierig. In der Regel haben andere Vorgesetzte ganz andere Vorstellungen davon, wie man Dinge aufarbeitet.

Es ist ein offenes Geheimnis, dass Stellen im mittleren Kader in der Langzeitpflege kaum noch zu besetzen sind. Die Sandwichposition ist nicht nur unbequem, der Burger ist explosiv. Nicht selten entscheiden sich Führungskräfte aus dieser Position, zurückzugehen in die alte Rolle. Lieber als diplomierte Pflegefachfrau die Übersicht in der Tagesverantwortung behalten, als den Spagat zwischen

Antje Hirt

Als eidgenössisch diplomierte Teamleiterin in sozialen und sozialmedizinischen Institutionen und diplomierte Pflegefachfrau mit Zusatzausbildung für den Operationssaal arbeitet Anje Hirt in Küsnacht in der Schweiz. Ihr ist die Übernahme von Verantwortung und eine vertrauensvolle Fehlerkultur wichtig. Wer als Führungskraft Offenheit und Dialoge anregt, braucht auch die Größe, Kritik anzunehmen. Ein Perspektivwechsel vervielfältigt die Sichtweisen. Das sind ihre festen Überzeugungen. Derzeit leitet sie die beiden Demenzwohnbereiche in der Pflegeresidenz Bethesda und ist damit beauftragt, diese in Zukunft zu entwickeln.

oben und unten auf Dauer auszuhalten, allen Anspruchsgruppen genügen zu müssen. Die große Frage ist, wie aus dem ungesunden Burger ein ausgewogenes Menü wird?

Perspektivenwechsel vervielfältigt Sichtweisen

Bereits zweimal hatte ich die Möglichkeit, eine Abteilung und somit auch ein Team neu aufzubauen. Ich erinnere mich gut an die positive Energie, mit der alle Beteiligten am ersten Tag starteten. Wir sahen unbegrenzte Möglichkeiten, diesen Neubau einzurichten und mit Leben zu füllen. Es gab noch keine Routinen, keine eingespielten Rollen. Auch bei mir nicht, denn es war mein erster Führungsjob. Es war ein deutlicher Unterschied zu spüren im Gegensatz zur Übernahme von bestehenden Teams. Der Spirit war positiv und spannend. Eine Spielwiese lag vor uns.

Ein paar Wochen später setzte die übliche Ernüchterung nach einem Höhenflug ein. Wenn alle Schränke, die geöffnet werden, leer sind, das Ordnungssystem zunächst selbst entwickelt werden muss, mehrere Personen sich einigen sollen, was praktisch ist, die ersten Bewohner aber bereits eingezogen sind, dann kann das schon mal richtig anstrengend werden. Plötzlich erkennt der eine oder andere den Sinn von Routinen und sehnt sich sogar zurück. Die Situation war damals dieselbe, der Wunsch ein anderer, weil die Sicht sich verändert hatte.

Fehlerkultur als Entwicklungsturbo

In dieser Anfangszeit ist ein gravierender Fehler passiert. Die verantwortliche Mitarbeiterin war am Boden zerstört. Sie machte sich selbst schwere Vorwürfe und kam zu mir mit den Worten: „Nun bin ich schon so viele Jahre im Beruf und war immer so zuverlässig, wie konnte mir das nur passieren?" Offensichtlich hatte sie Angst vor Konsequenzen. Nach der Schadensbegrenzung war es nun an mir, das Thema im Team zu bearbeiten. Indem wir uns mit dem Geschehenen auseinandersetzten, konnten wir die Verkettung der Umstände aufzeigen, die dazu geführt hatte, und einige – noch zu klärende – Unsicherheiten im Alarmsystem dieses Neubaus aufdecken, die wir sonst wahrscheinlich erst viel später, möglicherweise nie bemerkt hätten.

Diese Betrachtungsweise – also nur der Perspektivenwechsel, der Fehler war immer noch derselbe – hat dem gesamten Team geholfen, seinen Fokus auf den

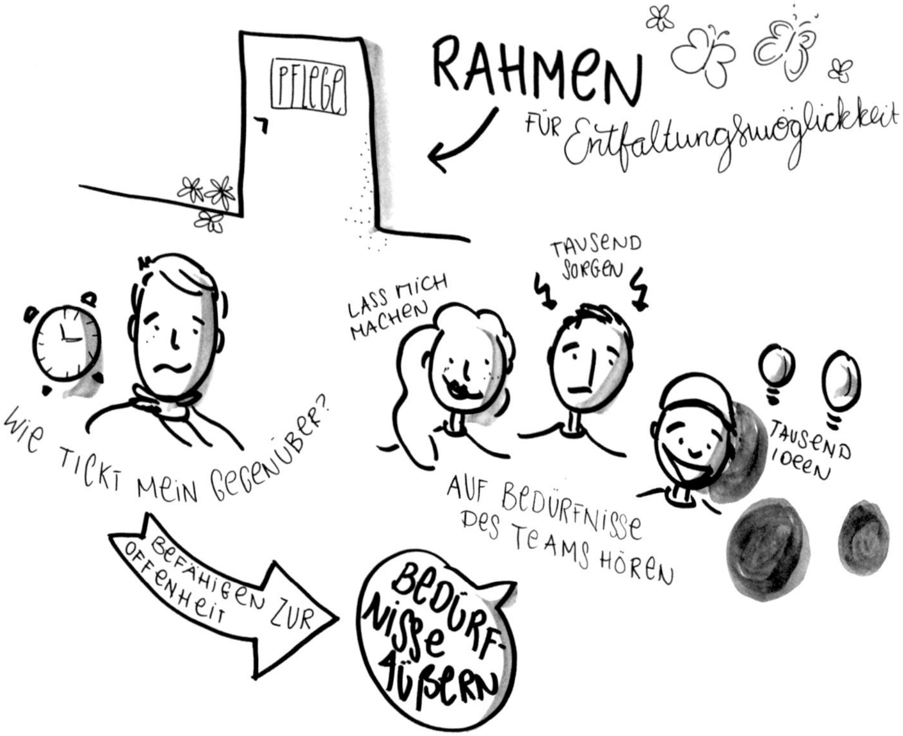

„Sinn" in diesem Fehler zu lenken, und der verantwortlichen Mitarbeiterin, sich selbst zu verzeihen. Sie sagte mir später, wie sehr sie das geschätzt hat und dass sie noch nie an einem Arbeitsort gewesen sei, an dem Fehler so behandelt wurden. Danach war in diesem Team der Bann gebrochen. Wir hatten untereinander eine Offenheit und einen Zusammenhalt, der für mich immer beispielhaft bleiben wird und den ich versuche in jedem Team wieder zu erreichen.

Damals konnten wir ohne Angst und Druck auch differenziert diskutieren, was wo und wie kommuniziert werden soll. Es war schnell klar, dass bei Menschen, die in ähnlichen Umfeldern arbeiten und langjähriges Erfahrungswissen haben, ein hohes Verständnis vorausgesetzt werden kann. Hingegen wird es für branchenfremde Menschen, wie Angehörige etwa, ganz andere Erklärungen brauchen, um Verständnis zu erhalten.

An diesem kleinen Praxisbeispiel lässt sich erahnen, welche komplexen Fähigkeiten Menschen in der Pflege heute mitbringen müssen. Früher hatten nur die Fachpersonen auch das Fachwissen. Heute macht sich jeder Angehörige bereits im Internet fit, analysiert vor einem Gespräch verschiedene Meinungen und bringt die eigene, oft bereits sehr gefestigte, dann mit. Pflegekräfte müssen im

Dialog geschickt agieren, Angehörige ernst nehmen und ihnen wertschätzend begegnen, damit ein Konsens gefunden werden kann.

Nur wer sich um sich selbst kümmert, kann sich auch um andere kümmern

Teamentwicklung setzt voraus, dass die Menschen lernen, die Perspektive zu wechseln. Personen, die im Pflegebereich arbeiten, können das im fachlichen Bereich sehr gut. Da ist es ganz normal, „in den Schuhen des anderen zu gehen“, sich in seine Bewohner hineinzuversetzen. Das lernen wir bereits in der Ausbildung. Meine Aufgabe, wenn ich in Pflegeteams gehe, sehe ich darin, die Teammitglieder daran zu erinnern, dass sie sich zuerst um sich selbst kümmern müssen, bevor sie sich um andere kümmern können. Ich fordere sie auf zu einem Perspektivenwechsel. Ich erlaube ihnen andere Sichtweisen und ich bitte darum, dass sie Nein sagen, wenn sie Nein fühlen.

Einfach wirksam

Das klingt für Sie zu einfach? Ehrlich gesagt, dachte ich das anfangs auch. Bis ich die Erfahrung machte, dass dies für Menschen in Pflegeberufen eine echte Herausforderung sein kann. Teilweise sehe ich mich sogar einer Überforderung gegenüber und werde mit der Bitte konfrontiert, doch eine klare Anweisung zu geben, die dann ausgeführt werden kann. Die Prägungen einer langen Berufserfahrung im sozialen Bereich sitzen tief. Der Wunsch nach emotionaler Sicherheit in Form von „Machen wir es lieber, wie es immer war“ ist oft anzutreffen. Und es ist ein deutlicher Ausdruck von Kapitulation, eine Vorgabe einfach erfüllen zu wollen. Oft steht dahinter, dass Mitarbeiter von Arbeitgebern schon häufig dazu genötigt wurden, absurde Entscheidungen umzusetzen. Neue Ideen wurden einmal zu oft im Keim erstickt oder verloren durch lange Entscheidungsprozesse vor der Umsetzung ihren Glanz.

Die Pflege hat sich daran gewöhnt, „die Pflege“ zu sein

Wenn ich Sätze wie „Gebt der Pflege eine Stimme“ oder „Wir müssen die Pflege stärken“ höre, frage ich mich, wer „die Pflege“ eigentlich ist? Gibt es die überhaupt? Also ich bin es nicht. Ich fühle mich nicht angesprochen, obwohl ich in einem Pflegeberuf arbeite.

Diese homogene Gruppe, die sich so oder anders verhält, ist ein Märchen. Und zwar ein trauriges, welches der komplexen Landschaft, in der sich Menschen in Pflegeberufen heute bewegen, nicht einmal nahekommt. Den Begriff „die Pflege" benutzen die Medien gern in ihrer Negativ-Berichterstattung über Missstände. Deshalb ist „die Pflege" auch ein Konstrukt, welches gern pauschalverurteilt wird. Differenzierte, gut recherchierte Berichte über die Menschen in Pflegeberufen und ihre Arbeitsbedingungen gibt es wenige.

Diese homogene Gruppe, die scheinbar ihre Stimme nicht erhebt, habe ich nie gefunden. Wahrscheinlich hört man sie deshalb nicht.

Pflege schweigt, wenn von einer übergeordneten Hierarchiestufe Schönreden verordnet wird

Ich höre sie tagtäglich, die Stimmen der Menschen, die in Pflegeberufen arbeiten. Das sind Welten von Individuen. Allein die Altersspanne reicht von 18 bis 65. Sie schweigen manchmal, aber meistens reden sie. Sie sind laut oder leise, freundlich oder bestimmt, wütend oder sanft, männlich oder weiblich, fordernd oder dienend. Ich muss ihnen keine Stimme geben, ich höre sie. Ich kann ihnen Fragen stellen und ihren Antworten lauschen. Sie erzählen mir bereitwillig von ihren Wünschen, Träumen und Ängsten. Stumm kamen mir nur die Orte vor, in denen von einer übergeordneten Hierarchiestufe Schönreden verordnet wurde. Dort wurde zwar geredet, aber emotions-, inhalts- und beziehungslos.

Diplom-Psychologin und Pflegefachfrau Dr. Bettina Ugolini fasste kürzlich in einer Weiterbildung, an der ich teilnahm, sehr kurz und prägnant zusammen: „Menschen beschweren sich kaum über zu viel Arbeit, sondern über zu wenig Wertschätzung. Wenn sie sich über zu viel Arbeit beschweren, haben sie bei der Wertschätzung bereits aufgegeben." Das deckt sich mit meinen Erfahrungen.

Wenn also behauptet wird, im Pflegebereich höre man nur noch ein kollektives Gejammere, dann liegt das eventuell daran, dass die Wertschätzung in unserer Gesellschaft für diese Berufsgruppe einfach nicht vorhanden ist.

Deshalb ist „die Pflege" auch nicht in einer Opferrolle gefangen. Das wäre zu einfach. Sicher gibt es Menschen, die sich in eine Opferrolle begeben. Solche Menschen gibt es auch im Pflegebereich. Wie in vielen Bereichen, die das facettenreiche Leben des Menschseins zu bieten hat.

Wer hört zu?

Wenn Menschen, die im Pflegeberuf arbeiten, also reden, wie ich behaupte, wer hört dann zu? Ich glaube, momentan sind das die guten Führungskräfte im mittleren Kader. Sie sind nah an der Basis, sie können sich dem nicht entziehen, was täglich geschieht. Sie sind in Beziehung mit den Menschen in ihren Teams und versuchen Dienstleister zu sein, ihnen gute Arbeitsbedingungen zu schaffen. Nur wissen sie nicht so recht, wie das in der momentanen Situation noch gelingen soll.

Eine Kollegin sagte einmal zu mir, sie sei immer mit besten Absichten und in Kampflaune ins Büro ihres Chefs marschiert und wäre nur ein paar Minuten später wie ein geschlagener Hund wieder herausgekommen. Was war passiert? Mit ein paar gezielten Fragen hatte ihr Chef ihre Klage widerlegt und den Ball an sie zurückgespielt.

Sie fing dann an, sich auf Verhandlungen besser vorzubereiten. Das braucht Zeit und spezielles Wissen in diesem Bereich. Es verlangt den Perspektivenwechsel, das Aufsetzen der verschiedenen Hüte, auch den von ihrem eigenen Chef. Nur so konnte sie herausfinden, welche Fragen er stellen könnte. Und vor allen Dingen setzt es voraus, dass man seinen Job gern macht und sich bewusst dafür entschieden hat. Die Realität holt einen dann aber doch oft schneller ein, als einem lieb ist.

Ich habe unzählige Geschichten gehört, wie Menschen im Pflegebereich zu ihrer Führungsposition gekommen sind. Diese Geschichten reichen von: „Du hast das bis jetzt übergangsweise so gut gemacht, willst du es nicht gleich weitermachen?" bis hin zu „Es war kein anderer da, deshalb hab' ich es mal gemacht und bin hängen geblieben" oder auch „Ich bin jetzt über vierzig, ich will nicht mehr am Bett stehen, sondern in einem Büro arbeiten."

Aktiv die Stufen nehmen, anstatt passiv auf der Rolltreppe stehen

Ich hoffe, man versteht mich hier nicht falsch: Ich verurteile das nicht und bin der Meinung, auch aus diesen Startpositionen heraus kann eine sehr gelungene Entwicklung stattfinden, die durchaus eine gute Führungskraft hervorbringt. Allerdings habe ich auch die Erfahrung machen müssen, dass solche Führungskräfte angesichts der großen Herausforderungen, die sie im mittleren Kader erwarten, schnell in eine Überforderung geraten. Wenn die Ursprungsmotivation lautet, sich einmal in etwas ausprobieren zu wollen, hat das eine andere Energie als eine klare Ursprungsmotivation wie: „Ich will etwas bewegen." Der Mensch, der etwas bewegen will, der sich bewusst dafür entscheidet, weiß sehr genau, dass er dafür zunächst unglaublich viel Kraft aufbringen muss. Er wird investieren müssen, Mehrarbeit leisten, sich selbst als Person entwickeln und voll einbringen, damit das gelingt. Das heißt, er nimmt bewusst Schritt für Schritt auf seiner Treppe. Er bewegt sich. Während Menschen, die sich ausprobieren wollen, oft die Rolltreppe nehmen und darauf stillstehen und beobachten, was sich ihnen so bietet. Sie glauben, sich herauspicken zu können, was für ihre Entwicklung gut ist. Entwicklung ist aber eine Arbeit, die gemacht werden muss. Entwicklung ist kein passiver Akt. Entwicklung bedeutet Bewegung, Schritt für Schritt. Stufe für Stufe. Darin steckt echtes Potenzial.

Es spielt heute nicht mehr so eine entscheidende Rolle, auf welchem Gebiet man exzellent ist. Man muss in der Lage sein, alles zu meistern, was einem begegnet. Jede Stufe muss gegangen werden. Und das heißt sehr oft, die eigenen Vorstellungen zu begraben und die Augen zu öffnen, für das, was ist. Darin liegt Fluch wie Segen. Menschen mit Führungskompetenzen können und nutzen das, um einerseits nah an ihren Mitarbeitern zu sein, eine Vorbildrolle zu leben und nach oben gut vertreten zu können. Sie wissen genau, wovon sie reden. Sie sind am Puls ihrer Teams und hören zu. Menschen, die hineingerutscht sind in ihre Führungsrolle, überrollt, im wahrsten Sinne des Wortes, die Aufgabenflut. Die scheinbar sichere Rolltreppe führt nicht zum Ziel, denn sie impliziert Stillstand. Sie haben sich nie mit grundsätzlichen Fragen wie beispielsweise der, welche Art Führungsperson sie sein möchten, auseinandergesetzt.

Alte Rezepte

Kommen wir zum Burger zurück. Alte Rezepte werden nicht ausgewogener, indem man einfach das Fett weglässt und sie in einem neuen Topf serviert.

Leider ist das in den letzten Jahren immer und immer wieder passiert. Mangels Ideen und wegen des steigenden Kostendrucks durch Privatisierung erschienen die Helden auf der Bildfläche. Pflegemanager mit Optimierungsversprechen. Konzepte wurden übergestülpt, Institutionen auf den Kopf gestellt und dann wieder vom Kopf auf die Füße. Nur um anschließend festzustellen: alter Wein in neuen Schläuchen. Praxisfern und überheblich wurden kritische Stimmen ignoriert. In dem verzweifelten Versuch, Komplexität zu vereinfachen, glaubte man durch Standardisierungen, Prozessanpassungen und Gleichmacherei den Umgang mit Individuen vereinfachen zu müssen. Das hat gutes Pflegepersonal, das sich bis dahin an seinen menschlichen Werten orientiert hatte, von einer Sinnkrise in die nächste gestürzt, bis sie letztendlich das Handtuch warfen. Sie erkannten ihren Beruf nicht wieder und hatten ihre Berufung verloren. Umgekehrt hatten Menschen, die in der Phase der Standardisierungen diesen Beruf ergriffen haben, dann ein Problem, dem unvermeidlichen Gegentrend zu folgen: Der Individualisierung. Wenn wir genauer hinschauen, könnten wir auch sagen: zurück zur ursprünglichen Pflegephilosophie. Pflege braucht Beziehung, Menschen brauchen ein Gegenüber, wollen als Person, als Individuum gesehen und nicht mit anderen verglichen werden. Menschen sind einzigartig. Das gilt für Pflegende wie auch für zu Pflegende.

Nichts passt mehr zusammen

Im Grunde genommen passt im Moment nichts mehr zusammen. Das spüren wir nicht nur im Gesundheitswesen, sondern auch als Gesellschaft. Die alten erprobten Führungsmodelle haben ausgedient. Das zeigt uns die Praxis täglich. Aber neue funktionierende, möglichst erwiesenermaßen erfolgreiche Instrumente hat noch niemand. Es sind Ideen vorhanden, aber der Mut ist uns abhandengekommen. Wir wagen den Schritt noch nicht, die Krise als Chance zu sehen. Die meisten Führungskräfte wollen immer noch, dass es ohne sie nicht geht. Theoretisch wissen sie zwar, dass dieses Denken veraltet ist, im praktischen Handeln allerdings wollen sie jede Entscheidung absegnen, jede Information steuern, zuerst erfahren oder zurückhalten. Sie wollen jedes Gespräch selbst führen und jede Bewegung im Unternehmen kontrollieren. In Zeiten, in denen Netzwerke aufgebaut werden, um möglichst viel Wissen zusammenzuführen, sehen sie nur die Gefahren und urteilen über eine Welt, die ihnen gänzlich unbekannt ist, weil sie sie bisher nicht nutzten.

Die staatlich verordnete Überregulation führt zur Dokumentationsflut und der permanenten Beschleunigung in unserem Alltag. Weil wir das Gefühl haben, beweisen zu müssen, was wir gearbeitet haben, kommen wir nicht mehr hinterher. Wir sind nicht konzentriert bei unserer Arbeit, sondern tatsächlich ständig in einer Zerrissenheit und im permanenten Versuch, die Ganzheit wiederzuerlangen. Wir bekommen ein schlechtes Gewissen, wenn wir einfach nur bei einem Bewohner sitzen. Obwohl wir wissen, dass es genau das ist, was der uns anvertraute Mensch jetzt braucht, dürfen wir das nicht leben. Es geht um „abrechenbare Minuten". Eine abrechenbare Leistung ist aber eine reine Pflegeleistung. Betreuung wird schlicht nicht bezahlt. Das entscheiden heute die Krankenkassen. Die Zerrissenheit jeder einzelnen Person im Pflegebereich könnte größer nicht sein. Im Zentrum ihrer Aufmerksamkeit sind die hilfebedürftigen Bewohner. Pflegekräfte kennen ihre Bewohner sehr genau und sie wissen am besten, was diese brauchen. Sie sind eine professionelle Beziehung eingegangen, die es ihnen möglich macht, das zu wissen.

Pflegekräfte sollen ihr Wissen ignorieren

Und es wird von ihnen verlangt, dieses Wissen und ihre Erfahrung zu ignorieren. Krankenkassen, die weit weg sind vom Geschehen, die nur eine Sichtweise auf die Problematik haben, weil sie die Kostenbrille tragen, schreiben ihnen vor, täglich woanders hinzuschauen und anders zu handeln, als es ihnen ihr ethisches Empfinden sagt. Unser Selbstbild leidet. Wenn wir uns erlauben, uns zu fragen, was das Beste für unsere Bewohner ist, werden wir derzeit daran zerbrechen. Wir werden auf Vorgesetzte treffen, die uns sagen, dass Menschlichkeit heute niemand mehr bezahlt, weil sie nicht dokumentierbar ist. Deshalb dieses Hamsterrad, was sich immer schneller dreht. Der Druck auf den Pflegebereich ist an der Basis am stärksten. Dort fehlen die wichtigsten Ressourcen. Die Ressourcen bereitstellen, die Mitarbeiter brauchen, um eine Arbeit erledigen zu können, ist aber Aufgabe von Heimbetreibern, Entscheidungsträgern und nicht zuletzt von Politik und Gesellschaft. Wahrhaft keine leichte Aufgabe. Der Ball wird hin und her geschoben, der Druck nach unten weitergegeben.

Ohne entsprechende Transparenz verstehen aber die Menschen, auf deren Schultern der Druck dann lastet, nicht warum und können somit auch nicht zur Lösung des eigenen Problems beitragen. Sie fühlen sich ausgeliefert. Hierarchien werden zum reinen Machterhalt. Verschwendete Zeit in Sitzungen, die zur reinen Präsentation von Ego benutzt werden, führen notgedrungen zu Hilflosigkeit. Das Mitdenken wird unmöglich gemacht. Aber alle mitdenken zu lassen ist genau das, was uns in die Zukunft führen kann. Noch immer werden heute Konzepte geschrieben, an denen nicht eine einzige Pflegeperson beteiligt war. Wenn die Pflegepersonen dann in der Praxis feststellen müssen, dass etwas nicht umsetzbar ist, tun sich die Verantwortlichen sehr schwer, die Entscheidung zu überdenken, weil vorher schon viel Arbeit hineingesteckt wurde.

Der Druck muss nach oben und nicht nach unten

Der Druck muss dorthin, wo er hingehört. Nach oben, nicht nach unten. Entscheidungsträger und Geldgeber müssen den Druck aushalten, das Risiko tragen, mit den Entscheidungen leben. Deshalb sind sie, was sie sind, nämlich

Entscheider. Nach unten gehören die Spielwiese und die Bereitschaft auszuprobieren. Menschen im Pflegebereich brauchen Freiheit, damit die Leichtigkeit die Angst ersetzt.

Ich glaube, wenn die Frustration hoch ist, wenn jeder spürt, dass es so nicht weitergehen kann, aber Ratlosigkeit darüber herrscht, wie es denn weitergehen soll, ist das Tor zur Zukunft bereits offen. Irgendjemand wird zuerst hindurchschreiten und sich auf den Weg machen. Dann ist das Umdenken nicht mehr aufzuhalten. Im Rückblick werden wir über unser Unvermögen lachen.

Verderben viele Köche den Brei?

Den Brei vielleicht, aber wir wollen ja zu unserem ausgewogenen Menü kommen. Wie man sieht, ist es auch Zeit, für schöne neue Sprichwörter zu sorgen. Ich glaube, viele Köche haben mehr Ideen als ein einziger Koch.

Pflegende sind also Individuen, die meisten von ihnen sehr praktisch veranlagt und es gewohnt, mit außergewöhnlichen Situationen fertigzuwerden. Sie können ihr Handeln anpassen, vorgegebene Wege verlassen, um zum Ziel zu kommen, und auch mal um die Ecke denken. Hört sich an, als bringen wir alles mit, um den nächsten Schritt zu machen. Weshalb passiert trotzdem wenig? Vielleicht, weil wir selbst in unser Hierarchiedenken verliebt sind. Vielleicht, weil wir warten, bis uns jemand die Erlaubnis gibt, mitzudenken, mitzureden, zu gestalten? Automatisch greifen wir immer wieder auf das Gewohnte zurück. Ich jedenfalls glaube zu spüren, dass Veränderung schon möglich ist. Zwar immer noch ein bisschen planlos, weil jeder heute gemachte Plan sich bei dem derzeitigen Tempo selbst überholt. Aber Veränderungen passieren bereits. Innerhalb dieses Prozesses versuche ich offen zu sein für wertvolle Tipps von Mitarbeitern. Und gleichzeitig nehme ich denjenigen, die nur die Atmosphäre vergiften und die Stimmung anheizen, den Wind aus den Segeln. Das ist eine Gratwanderung, die sich bisher immer gelohnt hat, denn ab einem gewissen Punkt setzt wieder eine gesunde Selbstregulierung ein. Alle Verschiebungen fügen sich zu einem tragenden Boden zusammen, auf dem Vertrauen entstehen kann.

Wer löst unsere Probleme?

Wir selbst natürlich. Denn selbstständig sein liegt uns im Blut. Selbstständig heißt aber auch: ohne die alten Machthierarchien. Ich denke, dieses große Umdenken im Gesundheitswesen wird noch einige Zeit in Anspruch nehmen und nicht ganz ohne schmerzhafte Auseinandersetzungen gehen. Auseinandersetzungen von Führungspersonen mit sich selbst, aber auch von Mitarbeitern, ihre Erwartungen an eine Führungspersonen betreffend. Teams müssen die Möglichkeit bekommen, sich Unterstützung zu holen, wenn sie sie brauchen, aber ansonsten frei agieren zu können, um die volle Verantwortung für ihr Handeln wieder übernehmen zu können und dies auch zu wollen. Das heißt für Führungspersonen, viel von ihren jetzigen Aufgaben abzugeben und in die Selbstorganisation des Teams zu vertrauen. Voraussetzung dafür wird sein, dass sich Teams aus genau den Menschen zusammensetzen, die mit den nötigen Kompetenzen ausgestattet sind, damit sie ihre Aufgaben erfüllen können. Der sogenannte Skill- und Grade-Mix, dem an vielen Orten aus Kostengründen kaum noch Beachtung geschenkt wurde, muss überprüft und angepasst werden. Jedes einzelne Teammitglied muss sich der eigenen Bedeutung bewusst werden, insbesondere was die Wichtigkeit der Weitergabe von Informationen betrifft.

Ich habe bisher bewusst das Wort Zeitnot nicht ins Spiel gebracht. Wir haben immer nur die Zeit, die wir haben. Es ist nicht mal mehr und mal weniger. Was uns aufhält, ist, dass wir glauben, es wäre einfacher und schneller, zu delegieren. Etwas von einem Team auf das andere zu übertragen, von einer Tätigkeit auf die andere, von einer Institution auf die andere. Dies ist schlicht nicht möglich. Was uns Zeit kostet, sind die Anpassungen, die Umwege, die deshalb dann gemacht werden müssen. Selber denken und maßgeschneidert handeln ist schneller und effizienter.

Schwierigkeiten haben jetzt schon Mitarbeiter, die nicht mehr neugierig sind. Sie werden verwundert und überfordert zurückbleiben mit dem sicheren Gefühl, nicht mehr in die neue Arbeitswelt zu passen. Schwierigkeiten werden auch die Menschen haben, die glauben, alles zu wissen, die sich mit anderen Standpunkten nicht auseinandersetzen und arrangieren können. Die Alleinmacher werden aussterben. Aber auch das „Schritt halten müssen" wird sich von selbst erledigen. Vielmehr soll es darum gehen, sich einbringen zu können, mit dem, was man hat und geben kann.

Gewappnet sind alle, die mit den vielen Grenzen, an die sie zweifellos in den letzten Jahren im Gesundheitswesen gestoßen sind, gelernt haben umzugehen. Die verstanden haben, dass es immer wieder Zeiten gibt, in denen es nur ums Aushalten geht, bevor der nächste Schritt gemacht werden kann. Die ihre Motivation in ihrer täglichen Arbeit unter widrigsten Bedingungen immer finden konnten. Die in jedem Tag die Motivation für den nächsten suchten. Die sich si-

cher waren, einen wichtigen Beitrag zu leisten, ohne viel Anerkennung dafür zu erhalten. Diese Menschen müssen sich gar keine Gedanken machen. Sie sind die Zukunft.

Wir brauchen echte Dialoge

Menschen müssen Menschen wieder zuhören. Wir müssen dafür sorgen, dass echte Dialoge entstehen. Wir dürfen uns nicht damit zufriedengeben, dass jeder seine Meinung äußert, es dabei aber bleibt. Dialoge, die mit Inhalt gefüllt sind, kann man nur mit Menschen führen, die nah am Inhalt sind. Wenn ich mir heute anschaue, wer über Pflegeprobleme, Pflegepersonal und Zukunftsszenarien in diesem Bereich redet, dann muss ich zugeben: Ich schalte ab. Ich frage mich schon lange nicht mehr, wo man diese Marktschreier herholt. Ich ertappe mich aber des Öfteren bei dem Gedanken, dass sich vielleicht gar nichts ändern soll.

Personenzentrierte Pflege setzt eine personenzentrierte Welt voraus. Dass es einmal solche Entwicklungen geben wird, davon bin ich überzeugt. Dafür sorgt erstaunlicherweise auch die Digitalisierung. Ich erlebe täglich, dass sich die richtigen Leute finden. Soziale Netzwerke machen es möglich. Wir lernen langsam, damit umzugehen.

Der Ausblick auf das ausgewogene Menü bleibt also ein Ausblick. Im Moment wird fleißig gekocht. Ob jeder weiterhin sein eigenes Süppchen kocht oder wir es schaffen, alle am Menü zu beteiligen, die Lust haben, in der Küche zu stehen, ist die spannende Frage.

Ich persönlich freue mich auf eine Welt, in der Führungskräfte nur noch als Coaches nötig sind und Mitarbeiter entscheiden, wann deren Unterstützung gebraucht wird."

Antje Hirt hat einiges auf den Punkt gebracht. Da ist zum einen die Angst der Pflege vor selbstständigen Entscheidungen. Diese geht direkt einher mit einer Fehlerkultur, die diese Angst noch schürt. Das ist eine große Herausforderung gerade für Führungskräfte. Antje Hirt schreibt, wenn man seine Mitarbeiter zu Offenheit auffordert, dann müsse man sie auch aushalten. Da ist durchaus etwas dran. Es kann eine Gratwanderung zwischen „Offenheit aushalten" und „sich kritisiert fühlen" sein. Dieses Umdenken in der Führungsriege, sei es die Einrichtungsleitung, Pflegedienstleitung oder Wohnbereichsleitung, erledigt sich nicht von selbst. Es braucht den Willen, vonseiten der Führung wie auch der Belegschaft, sich in einen Prozess der Offenheit und des Miteinanders zu begeben. Und dieser Prozess muss täglich gelebt werden. Es ist üblich, dass in der Pflege Anweisungen kaum hinterfragt werden. Ebenso werden Ansagen durch den MDK und die Heimaufsicht allzu oft hingenommen und nicht fachlich diskutiert. Doch genau das wäre doch wünschenswert. Pflegekräfte erledigen ihre Arbeit mit all ihrem Wissen und ihrer Fachlichkeit. Sie kennen die Bewohnerinnen und Bewohner. Und doch fehlt oft das Selbstbewusstsein, genau das mit Vorgesetzten oder auch Prüfinstanzen auszufechten. Hier macht sich Pflege selbst klein. Darum brauchen wir Führungskräfte, die ihren Mitarbeitenden etwas zutrauen und ihnen den Rücken stärken. Die Fehler und kontroverse Diskussionen nicht als Bedrohung, sondern als Bereicherung sehen. Damit wächst das gesamte Team.

Erfreulicherweise gibt es in der Welt der Einrichtungsleitungen, die ja Führung vorleben müssen, Bewegung. Es gibt Einrichtungsleiterinnen und Einrichtungsleiter, die erkennen, dass ihre Mitarbeitenden ihr wichtigstes Kapital sind. Die ihre Einrichtungen „basisdemokratisch" führen. Zum Beispiel die

Rummelsberger Dienste gGmbH, die mit den Beschäftigten gemeinsam Werte für das Unternehmen aufstellt, die das tägliche Handeln bestimmen. Daraus entsteht eine einzigartige Arbeitsatmosphäre, die sich auf die Patientinnen und Patienten, die Bewohnerinnen und Bewohner überträgt. Peter Kraus, Mitglied der Geschäftsleitung der Rummelsberger Dienste für Menschen im Alter gemeinnützige GmbH, bezieht seit vielen Jahren die gesamte Einrichtung bei Verbesserungen mit ein. Zu Beginn dieser „basisdemokratischen" Organisationsentwicklung bestand die Angst, dass sich die Lösungen zu sehr auf das Thema „mehr Personal" konzentrieren würden. Dem war aber ganz und gar nicht so. Es wurden Hunderte von Maßnahmen formuliert. Mutig und auch arbeitsintensiv. Ein solcher Prozess darf keine Eintagsfliege sein. Und die Erarbeitung einer Maßnahme erfordert anschließend auch den Willen zur Umsetzung. Das alles hat mit großem Erfolg bei den Rummelsberger Diensten stattgefunden. Mit der festen Überzeugung, dass die Mitarbeiterinnen und Mitarbeiter selbst am besten wissen, wo sie der Schuh drückt, empfindet Peter Kraus diese „basisdemokratische" Organisationsentwicklung als den Schlüssel zum Glück.

PETER KRAUS

Wie „Basisdemokratie" uns zum guten Arbeitgeber machte

Vom Polizisten zum Krankenpfleger

„Die Zeit, die ich nach einem Verkehrsunfall hatte, in einem Krankenhaus lag und gepflegt wurde, nutzte ich, um mir Gedanken über meine Zukunft zu machen. Damals war ich noch Polizeibeamter, wollte mir aber nicht vorstellen, diesen Beruf bis zu meinem Ruhestand auszuüben. Zwei Krankenpfleger, diese waren damals noch eher die Ausnahme, beeindruckten mich mit ihrer professionellen, dennoch lockeren, humorvollen und zugewandten Art. Die Entscheidung, eine Krankenpflegeausbildung zu machen, habe ich nie bereut.

Nach der Ausbildung folgten 13 Jahre „High Tech". 13 Jahre „Erfolge" (das bedeutete, dass die Patienten die Intensivstation lebend verließen) und

13 Jahre „Niederlagen" (das bedeutete, dass die Patienten verstarben), Gespräche mit Patienten und vor allem mit Angehörigen in akut existenziellen Ausnahmesituationen. Meist am Scheideweg in ein anders zu gestaltendes Leben oder zum Tod. Oft in hektischen Akutversorgungssituationen und meist nur für Stunden oder wenige Tage, um sich dann wieder um neue Patientinnen und Patienten und deren Familien zu kümmern. Im Laufe der Jahre wandelten sich meine Einstellung und meine Haltung zur „Pflege" und zum Sterben. Ich machte mich auf den Weg und wurde Hospizbegleiter. Im Zuge dieses für mich erfüllenden, ehrenamtlichen Engagements kam ich erstmals in Kontakt mit der stationären Altenhilfe.

Zwischen High Tech und „berührender Pflege"

Zwei Welten trafen für mich hier aufeinander. Geprägt von einer hochtechnisierten Aufgabe in der Akutversorgung, trat ich mit einer „berührenden" Pflege in Kontakt. Eine berührende Pflege, wie ich sie kennenlernte, bedeutet für mich, dass aus der körperlichen Nähe der Pfleghandlungen eine geistige, beiderseits sorgende und emotionale – also eine „berührende" Beziehung – entstehen konnte. Eine intensive Erfahrung für mich, die den Wunsch wachsen ließ, in diesem Bereich gestaltend tätig zu werden.

Ein Netzwerk wächst

2003 wurde ich Einrichtungsleiter des Diakonischen Sozialzentrums Rehau, einer Einrichtung der Rummelsberger Diakonie. Die Kolleginnen und Kollegen in dieser Komplexeinrichtung mit stationärer Pflege, beschützender Pflege, mobilem Mahlzeitendienst und einem ambulanten Pflegedienst machten einen wirklich tollen Job. Zusammen bauten wir in den Folgejahren die Angebote aus. Eine Kooperation mit dem lokalem Hospizverein, eigene Hospizhelfer, eine Beratungsstelle für Seniorenfragen,

Peter Kraus

Peter Kraus, Jahrgang 1959, ist gebürtiger Oberfranke. Hier lebt und arbeitet er auch heute noch. In seinem ersten Beruf war er Polizeibeamter. 1981 machte er die Ausbildung zum Krankenpfleger. Berufsbegleitend studierte er „Management im Gesundheitswesen". 2003 wechselte er in den Bereich Altenpflege und wurde Einrichtungsleiter des Diakonischen Sozialzentrum Rehau. Seit 2014 ist er Mitglied der Geschäftsleitung der „Rummelsberger Dienste für Menschen im Alter gGmbH". Er ist der festen Überzeugung, dass seine Mitarbeitenden die besten Expertinnen und Experten in eigener Sache sind.

eine Ehrenamtsbörse mit über 160 (!) tollen Ehrenamtlichen und verschiedene niedrigschwellige Betreuungsangebote für Menschen mit Demenz entstanden. Diese Angebote wurden abgerundet mit Schulungsangeboten für pflegende Angehörige und für Angehörige von Menschen mit Demenz. Nachdem wir feststellten, dass auch Menschen ohne Pflegestufe (damals noch keine Pflegegrade) und ohne demenzielle Erkrankung, die zu Hause lebten, ab und an Unterstützung benötigten, bauten wir ein Netzwerk mit den engagierten Ehrenamtlichen auf. Klinikbesuche, Begleitdienste zum Arzt, Sozialpatenschaften, Spielerunden, Kaffeekränzchen, Friedhofsbesuche und vieles mehr halfen dabei, den Alltag zu meistern und am gesellschaftlichen Leben sowie an Gemeinschaften teilzuhaben. So wuchs ein Netzwerk, das sich an den Bedürfnissen der Einwohnerinnen und Einwohner der Gemeinde orientierte. Mehrere Auszeichnungen mit entsprechender Resonanz in den Medien und eine ausgeprägte „Feierkultur" machten unsere Mitarbeitenden stolz. Die daraus resultierende hohe Mitarbeiterzufriedenheit und Motivation – aus dem Gefühl heraus, etwas bewegen zu können – gab allen die Gewissheit, keinen „Hilfsjob" auszuüben, sondern eine kreative, den Menschen zugewandte und erfüllende Aufgabe zu gestalten.

Great Place to Work

2005 nahmen wir am Wettbewerb „Great Place to Work – Beste Arbeitgeber im deutschen Gesundheitswesen" teil, um unsere Verbesserungspotenziale als Arbeitgeber im Sinne der Mitarbeiterzufriedenheit zu identifizieren. Ein Kulturaudit musste durch den Arbeitgeber erstellt werden. Darin wurde beschrieben, was der Arbeitgeber und die Einrichtung für den Mitarbeitenden bieten. Und eine Mitarbeiterbefragung wurde durch das Institut anonym durchgeführt. Die Mitarbeitenden wurden zu den Themengebieten „Respekt", „Fairness", „Stolz", „Teamgeist" und „Glaubwürdigkeit" mit insgesamt 62 Fragen befragt. Mit den Ergebnissen der Befragung - die Mitarbeiterbefragung zählte doppelt - konnten wir (Wohnbereichsleitungen und Stellvertretungen, Sozialdienstleitungen, Pflegedienstleitungen und Stellvertretungen, Hauswirtschaftsleitung, Küchenleitung, Verwaltung, Fachdienste) auf unserer fünftägigen Leitungsklausur diskutieren und Maßnahmen ableiten. Zwei Jahre später nahmen wir wieder an diesem Wettbewerb teil, um zu prüfen, ob sich die Maßnahmen bewährt hatten. Anhand der Ergebnisse konnten wir feststellen, dass wir mit unseren Aktionen richtig lagen. Die Mitarbeiterzufriedenheit war noch weiter gestiegen und es war nahezu keine Fluktuation mehr zu verzeichnen. Auch die krankheitsbedingten Ausfallzeiten hatten messbar abgenommen. In der Folge nahmen wir immer alle zwei Jahre am Wettbewerb teil und feierten unsere Erfolge entsprechend. Mit dem besten Ergebnis landeten wir auf Platz zwei der besten Arbeitgeber im deutschen Gesundheitswesen.

„Basisdemokratische" Organisationsentwicklung – unser Schlüssel zum Glück

Die wohl umfassendste Maßnahme, die nach einer Befragung abgeleitet wurde, war die Einführung eines betrieblichen Gesundheitsmanagements. Zusammen mit der Berufsgenossenschaft BGW und der Unterstützung der AOK implementierten wir Gesundheitszirkel in jedem Bereich unserer Komplexeinrichtung. Alle relevanten Organisationsabläufe, Führungsthemen, bauliche und Ausstattungsgegebenheiten, Angebote für Mitarbeitende usw. wurden von den Mitgliedern der Gesundheitszirkel auf Verbesserungspotenziale durchleuchtet und entsprechende Verbesserungsmaßnahmen formuliert. Diese Änderungswünsche wurden dann in den sogenannten Lenkungsausschuss, der aus Mitarbeitervertretung, Arbeitssicherheitsbeauftragten, Sozialdienstleitungen, Pflegedienstleitung, Hauswirtschaftsleitung, Küchenleitung und Einrichtungsleitung bestand, eingebracht. Der Lenkungsausschuss bewertete diese Maßnahmen, modifizierte sie bei Bedarf und veranlasste die Umsetzung. Am Beginn dieses Prozesses einer „basisdemokratischen Organisationsentwicklung" bestand im Lenkungsausschuss die Befürchtung, dass der Ruf nach mehr Kolleginnen und Kollegen alle Problemstellungen nach Ansicht der Gesundheitszirkelmitglieder lösen würde. Pustekuchen!

Die Mitarbeitenden wissen selbst am besten, wo sie der Schuh drückt

Es wurden in einem Zeitraum von vier Jahren insgesamt 465 Maßnahmen formuliert. Keine einzige erforderte mehr Personal. Da die Maßnahmenformulierung von den Problemprofis, also von denen, die davon tagtäglich betroffen waren, formuliert wurden, konnten von den 465 Maßnahmen 463 tatsächlich in den Folgejahren umgesetzt werden. So wurden z. B. Schnittstellenproblematiken zwischen Küche und Pflege geregelt, Aufzugsnutzungszeiten angepasst, das Besprechungswesen verbessert, Spülmaschinen höher gesetzt, Gesundheitsangebote verstetigt, Regalwägen angeschafft. Von ganz kleinen, aber täglichen Ärgernissen bis hin zu baulichen Veränderungen machte al-

> „Basisdemokratische" Organisationsentwicklung
> ist nicht immer der leichteste Weg,
> aber mit Sicherheit der erfolgreichste.
>
> *Peter Kraus*

les Sinn – und das nicht „von oben diktiert", sondern von den Mitarbeitenden selbst veranlasst. Übrigens, die beiden Maßnahmen, die nicht umgesetzt wurden, waren zum einen baulich nicht machbar (für eine Rampe war zu wenig Platz) und zum anderen konnte der Wunsch nach mehr Zivildienstleistenden nicht erfüllt werden, da die Wehrpflicht abgeschafft wurde und es Zivis in der Folge gar nicht mehr gab.

Mitarbeiterzufriedenheit spricht sich rum

Die aus diesen partizipativen Aktivitäten entstandene Mitarbeitermotivation und Arbeitszufriedenheit machte unsere Kolleginnen und Kollegen zu „Botschaftern in die Region". In der Folge hatten wir weit mehr Initiativbewerbungen, als wir bei einer praktischen „Nullfluktuation" (also außer Ruhestand, Krankheit oder Schwangerschaft) bedienen konnten.

2014 wechselte ich nach einem organisatorischen Umbau der Trägerstruktur der Rummelsberger Altenhilfe als Fachlicher Leiter und Regionalleiter in die „Firmenzentrale". Seitdem kann ich meinen Vorstellungen von einer „guten Pflege" und „guten Rahmenbedingungen für Pflegende" verbandspolitisch auf Landes- und Bundesebene Gehör verschaffen. Und natürlich dort, wo es die Menschen brauchen, innovative Angebote zusammen mit meinen Kollegen aufbauen.

Fazit:
Den Menschen und seine Bedürfnisse und Bedarfe im Blick haben und sich dafür stark machen, dass er in jeder Lebenslage in einem wertschätzenden Umfeld arbeiten, leben und auch unter würdigen Bedingungen sterben kann. Dafür steht die „Pflege". Jeder an seinem Platz."

Auf Augenhöhe mit den Mitarbeiterinnen und Mitarbeitern

Führung hat so viele Facetten und hängt auch an der Persönlichkeit der Führungskraft. Peter Kraus und Antje Hirt haben sich als Einrichtungsleiter bzw. Teamleitung auf Augenhöhe mit ihren Mitarbeitenden begeben. Sie haben sich als Team begriffen, das gemeinsam Verantwortung übernimmt für die eigene Arbeit und auch die Einrichtung insgesamt. Das hatte und hat große Auswirkungen auf das Miteinander und auf die gegenseitige Wertschätzung. Alle, auch die Bewohnerinnen und Bewohner, profitieren davon.

Auch Stefanie Görtz ist es wichtig, dass Mitarbeitende ihre Anliegen zur Sprache bringen können. Sie hat einen langen Weg in der Pflege hinter sich. Von der Pflegehelferin bis hin zum Bachelor in Sozial- und Gesundheitsmanagement. Zeitgleich zum Studium machte sie eine Weiterbildung zur Total-Quality-Management-Beauftragten. Sie blieb während dieser Zeit immer in derselben Einrichtung. Stefanie Görtz ist der festen Auffassung, dass sie die Pflege positiv verändert. Ihr Aufgabenspektrum ist breit. Von der Berechnung der Stellenpläne über die Besetzung der Stellen bis zur Kontrolle der Dienstpläne und der arbeitsrechtlichen Bedingungen. Sie ist für ihre Kolleginnen und Kollegen Ansprechpartnerin, hört ihnen zu und berät, erklärt und vermittelt, unterstützt bei Schwierigkeiten. Stefanie Görtz legt bei der Pflegedienst- und Einrichtungsleitung den Finger in die Wunden und macht aufmerksam auf Dinge, die nicht übersehen werden sollen. Durch dauernde Präsenz und genaues Hinschauen sorgt sie für Bedingungen, unter denen ihre Kolleginnen und Kollegen gesund bleiben können. Mittlerweile ist sie stellvertretende Vorsitzende der Gesamtmitarbeitervertretung in der Theodor Fliedner Stiftung Sachsen gGmbH und kann sich somit auch bei übergeordneten Dingen für die Mitarbeitenden einsetzen. Wichtig ist ihr, dass man als Führungskraft niemals vergisst, wo man selbst herkommt und wie die Pflegearbeit sich anfühlt. Stefanie Görtz will etwas bewegen, statt nur ein Rädchen zu sein.

STEFANIE GÖRTZ

Etwas bewegen statt ein Rädchen sein

„Eigentlich war das überhaupt nicht mein Lebensplan, in der Pflege zu landen, als ich mit 20 Jahren den Entschluss fasste, meine Ausbildung zur Arzthelferin abzubrechen und mich übergangsweise im einzigen Pflegeheim der Stadt um eine Stelle als Pflegehelferin zu bewerben.

Heute bin ich 47 Jahre alt und arbeite immer noch in dieser Einrichtung. Ich bin froh, dass mich mein Weg in die Pflege geführt hat. Obwohl es viele schwere Phasen gab.

Wie Pflege sein sollte – und war

Vier Jahre lang habe ich als angelernte Kraft in der Pflege gearbeitet. Damals – in den Neunzigerjahren – war noch alles anders. Wir Pflegehelfer haben das Team ergänzt und haben, bis auf wenige Ausnahmen, die gleichen Tätigkeiten ausgeführt wie unsere Fachkollegen. Wir hatten noch Zeit für die Menschen, haben mit ihnen Singkreise, Grillfeste und Kochgruppen veranstaltet. Wir haben gebastelt, gemalt oder einfach nur gequatscht. Es fühlte sich an wie eine kleine Familie. Wir hatten besondere Beziehungen zu unseren Bewohnern. Wir saßen mit ihnen zusammen wie zu Hause im Wohnzimmer oder in der Wohnküche. Dokumentation gab es. Aber die nahm nicht viel Zeit in Anspruch. Diese tolle Zeit hat mich dazu bewegt, die Ausbildung zur Fachkraft zu machen. Ich wollte als Fachkraft mehr Wissen haben über das, was ich da tue. Es war so wunderschön, die dankenden Blicke der Menschen, das Lächeln, der Händedruck. Damals hatte man auch Zeit und Ruhe, Menschen auf ihrem letzten Weg zu begleiten. Du konntest bei Bewohnern am Bett sitzen und ihre Hand halten, wenn sie Angst hatten vor ihrem Weg. Notfalls die ganze

Stefanie Görtz

Ihre Herzensangelegenheit ist die würdevolle und selbstbestimmte Pflege und Betreuung alter Menschen. Sie arbeitete 24 Jahre in der direkten Pflege über Pflegehilfskraft zur Pflegefachkraft und schließlich als stellvertretende Wohnbereichsleitung. Von 2012 bis 2015 studierte sie Sozial- und Gesundheitsmanagement und machte zudem eine Weiterbildung zur TQMB mit Personenzertifizierung. Stefanie Görtz arbeitet sei 1991 in der gleichen Einrichtung. Ihre Arbeit als Stabstelle im QM und als stellvertretende Vorsitzende der Mitarbeitervertretung wie auch stellvertretende Vorsitzende der Gesamtmitarbeitervertretung der Stiftung ermöglicht es ihr, sich für die Kolleginnen und Kollegen einzusetzen. .

Nacht. Weil ihr eine Beziehung hattet und auch du Abschied nehmen wolltest. Du konntest zu der Beerdigung gehen, um für dich selbst auch einen Abschluss zu haben und das Sterben zu verarbeiten.

Von der Mitarbeiterin zur anonymen Ressource

1995 bis 1998 habe ich die Ausbildung zur Altenpflegerin gemacht und bin sozusagen mit der Einführung der Pflegeversicherung zurück in die Einrichtung gekommen. Ab jetzt wurde alles etwas anders. Da ich 1997, also während meiner Ausbildung, Mutter eines Sohnes wurde, bin ich nur in Teilzeit eingestiegen. 50 Prozent Fachkraft – den Rest der Zeit Mama.

Die Arbeit hat mir zu jedem Zeitpunkt wirklich Spaß gemacht und ich bin, wie jede andere Teilzeitkraft auch, permanent angerufen worden und eingesprungen. Ich habe Überstunden gemacht und bekam irgendwann einmal frei dafür. Zwischendurch hatte man immer mal das Gefühl, dass nicht alle Überstunden vermerkt wurden, sondern auch hier und da mal welche unter den Tisch fielen.

2001 habe ich meine Tochter geboren. Ich bin dann zwei Jahre lang nur noch alle zwei Wochen am Wochenende arbeiten gegangen. Das war die schwerste Zeit. Ich hatte das Gefühl, nicht ins Team zu gehören. Ich kam, arbeitete die erwarteten Aufgaben ab und ging.

Als meine Tochter im Kindergarten war, konnte ich wieder mehr arbeiten und bekam meine 50%-Stelle wieder. Ich freute mich sehr darüber. Aber die Zeiten wurden immer schwerer. Ich fühlte mich wie eine Nummer auf einer langen Liste. Irgendein Name auf dem Dienstplan, den man hinschob, wo man ihn gerade brauchte. Es gab keine Planungssicherheit für mich. Jeden Tag musste ich gucken, ob der Plan sich wieder – selbstverständlich ohne Absprache – geändert hatte. Die Oma anrufen, weil die Dienstzeit sich wieder nicht mit der Kindergartenzeit deckte, und dann vorkochen für die Kinder.

Die Entscheidungsmacht zurückgewinnen – als Mitarbeitervertretung

Ich wurde in die Mitarbeitervertretung (MAV) gewählt. Das war ungefähr 2002. Aber die MAV war damals nur ein notwendiges Instrument, um bei Einstellungen eine Unterschrift zu leisten. Man musste es eben haben. Mit meinen Kollegen habe ich die MAV-Arbeit aufgebaut. Wir hielten Sitzungen ab. Wir unterschrieben nicht blind irgendein Formular und wir machten uns sehr unbeliebt bei verschiedenen Einrichtungsleitungen. Es kamen und gingen mehrere über die Jahre. Wir setzten uns für die Rechte unserer Kollegen ein und kämpften jeden Kampf.

Heute gibt es eine vernünftige und sichere Urlaubs- und Dienstplanung. Die Kolleginnen und Kollegen können ihre Freizeit planen und werden gefragt, wenn es einmal zu Dienstplananpassungen kommen muss. Und das ist ja nun keine Ausnahme in der Pflege. Ich denke, wir sind heute ein ernst genommener Partner der Einrichtungsleitung und kümmern uns darum, dass die Kolleginnen und Kollegen respektvoll, fair und nach Recht und Gesetz behandelt werden.

„Ich bin froh, dass mich mein Weg in die Pflege geführt hat. Obwohl es viele schwere Phasen gab."

Stefanie Görtz

Da darf uns aber leider niemals der Atem ausgehen. Ich bin nicht sicher, woran es liegt. Aber ich denke, dass die vielen Bedingungen, Erwartungen und Vorgaben von Politik und MDK und Heimaufsicht (um nur einige zu nennen) die verantwortlichen Einrichtungsleitungen so sehr unter Druck setzen, dass man fast glauben würde, dass hier plötzlich Sitten und Werte keine Rolle mehr spielen. Der Druck wird ungefiltert nach unten weitergegeben und hinter dem Namen auf dem Dienstplan scheint kein Mensch mehr zu stecken. Immer wieder und jeden Tag sind wir wachsam und passen auf unsere Kolleginnen und Kollegen auf.

Doch dann wurde mir meine Funktion der stellvertretenden Wohnbereichsleitung von heute auf morgen entzogen und ich hatte keine Ahnung weshalb. Das hat mich in ein tiefes Loch fallen lassen. Ich dachte, ob ich denn so schlecht bin? Finden die Leitungen, dass ich einen schlechten Job gemacht habe? Warum geht man so mit mir um? Die Fragen sind noch bis heute offen. Aber ich habe allen – und vor allem mir – bewiesen, dass ich sehr wohl etwas kann. Ehrlich gesagt habe ich in dieser Phase überlegt, ob ich die Pflege verlassen sollte. Zumindest diese Einrichtung wollte ich definitiv verlassen.

Aber es kam doch anders.

Einen Unterschied machen – als Qualitätsmanagementbeauftragte

Von 2011 bis 2012 habe ich eine Weiterbildung zur leitenden Pflegefachkraft gemacht und bin dann 2012 sofort ins Studium gegangen. Ich habe Sozial- und Gesundheitsmanagement studiert und zeitgleich eine Weiterbildung zur Total-Quality-Management-Beauftragten gemacht. Hierauf bin ich personenzertifiziert. Für meine Bachelorarbeit konnte ich die 420 Überstunden, die ich angesammelt hatte, gut gebrauchen und durfte sie am Stück abfeiern.

Neben dem Studium (berufsbegleitend) habe ich als stellvertretende Wohnbereichsleitung in einem Wohnbereich mit 60 Bewohnern meinen Dienst gemacht und habe vorher und währenddessen drei Schüler durch ihre Ausbildung begleitet.

Die Leitungssituation in der Einrichtung veränderte sich und ich bekleide heute die Stabstelle der Einrichtungsleitung als QMB mit einer 79-%-Stelle. Leider habe ich es nie wieder auf eine 100-%-Stelle geschafft.

In dieser Position kann ich mich noch besser für gute Arbeitsbedingungen und Wertschätzung einsetzen. Ich habe nicht vergessen, wie es sich anfühlt, wenn einen die Beine nicht so schnell tragen, wie man eigentlich laufen möchte, um die ganze Arbeit irgendwie zu schaffen. Und ich habe nicht vergessen, wie es sich anfühlt, an Weihnachten zum Dienst zu müssen und sich von den Kindern zu verabschieden.

Auch wenn ich kein ganz besonderes Projekt oder eine Innovation in der Pflege eingeführt habe, verändere ich die Pflege. Ich berechne Stellenpläne und überprüfe, ob die Stellen besetzt sind. Ich schaue über Dienstpläne und kontrolliere, ob arbeitsrechtliche Bedingungen eingehalten werden. Ich halte Kontakt zu meinen Kolleginnen und Kollegen, höre ihnen zu und berate, erkläre und vermittle. Ich helfe ihnen bei Schwierigkeiten und mache Pflegedienstleitung und Einrichtungsleitung auf Dinge aufmerksam, die sie vielleicht nicht mitbekommen oder bei denen sie eigentlich nicht wollen, dass wir sie mitbekommen. Durch dauernde Präsenz und genaues Hinschauen sorgen wir für Bedingungen, unter denen unsere Kollegen gesund bleiben können.

Mittlerweile bin ich stellvertretende Vorsitzende der Gesamt-Mitarbeitervertretung in unserer Stiftung und kann mich somit auch bei übergeordneten Dingen für die Mitarbeitenden einsetzen.

Das hört sich jetzt alles sehr nett an, aber wir haben sehr viel zu tun. Wir sind noch lange nicht da, wo wir hinwollen, um den Pflegeberuf bedenkenlos weiterempfehlen zu können.

Mein Wunsch für die Zukunft wäre, der Anfrage einer Altenpflegeschule nachzukommen und Pflegefachschülerinnen und -schüler zu unterrichten. Ich glaube, es würde mein Leben bereichern und ich könnte Schülern ebenso Selbstbewusstsein in Bezug auf unseren Beruf vermitteln. Auch an dieser Stelle hätte ich die Chance, einen Unterschied zu machen."

Stefanie Görtz hat sich auf den Weg gemacht. Nichts ist ihr fremd in ihrer Stiftung und auch in der Pflege. Stefanie Görtz weiß genau, wo sie hinschauen und anpacken muss, um Veränderungen anzustoßen und dafür zu sorgen, dass sie gelebt werden. Ihr eigener Weg in der Pflege hat ihr Bewusstsein für die Problembereiche in der Pflege geschärft. Dies prägt ihre Haltung als Führungskraft gegenüber ihren Mitarbeitenden. Das ist kein einfacher Weg. Auch hier braucht es Mut und einen langen Atem. Es braucht die Bereitschaft, auch mal anzuecken, in einen kontroversen Dialog zu gehen. Weg vom „das war schon immer so" hin zu einem „das wollen wir doch mal sehen!"

Das Verständnis von Führung kann sich nur ändern, wenn die Führungskräfte selbst bereit sind, diesen Prozess mit anzustoßen und auch voranzugehen. Dass es geht, zeigt sich an vielen Orten. Unsere Beispiele sollen anschaulich machen, dass es möglich ist, als Einrichtungsleitung oder als Teamleitung „basisdemokratisch" zu führen. Für uns schließt sich hier Führung und Basisdemokratie nicht aus. Das eine macht das andere möglich. Wäre die Leitung nicht eine selbstbewusste und neugierige Führungskraft, wäre eine „basisdemokratische" Organisationsstruktur undenkbar. Es braucht die Bereitschaft, ausgetretene Pfade zu verlassen und Neues zu wagen. Auch auf die Gefahr hin, dass man scheitert. Dass nicht alles funktioniert, was man anschiebt. Wer nach dem Motto agiert, dass auch Scheitern erlaubt ist, kann entspannt über den eigenen Tellerrand blicken.

KAPITEL 4

Pflege neu gestalten:

FÜHRUNGSKRÄFTE IN DER AMBULANTEN PFLEGE

Wie man durch eine radikale Änderung des Führungsstils die Pflegewelt verändern kann, hat Jos de Blok in den Niederlanden gezeigt. Desillusioniert von der Arbeitsweise der ambulanten Dienste in den Niederlanden, hat er sich vorgenommen, selbst anders zu arbeiten. Im Jahr 2006 gründete der Niederländer Jos de Blok in Almelo einen kleinen, ambulanten Pflegedienst. Buurtzorg bedeutet übersetzt so viel wie „Nachbarschaftshilfe". Zusammen mit nur vier anderen „Nurses", wie sowohl männliche als auch weibliche Pflegekräfte in den Niederlanden genannt werden, krempelte er in den folgenden Jahren die ambulante Versorgung von pflegebedürftigen Menschen grundlegend um. Inzwischen arbeiten über 10.000 Menschen u. a. in den Niederlanden, China, Schweden, Großbritannien, den USA und Japan für Buurtzorg. Und noch viele Weitere orientieren sich an seinem Modell.

Was war sein oberstes Prinzip? Das haben wir ihn gefragt, als wir ihn zu einem Gespräch in seiner Zentrale in Almelo trafen – einem kleinen, unscheinbaren Bürogebäude mit wenigen Mitarbeiterinnen und Mitarbeitern. Seine Antwort wurde vor Ort sichtbar: Keep it small, keep it simple. Ein winziges Backoffice steuert ein enormes Unternehmen.

Als er seinen ambulanten Dienst gründete, hat sich Jos de Blok die zentrale Frage gestellt: Was brauchen wir wirklich an Managementebenen, Bürokratie, IT, Strukturen, Regeln und Kontrolle? Alles andere kann weg. Es gab also ein vereinfachtes Abrechnungssystem und vereinfachte Prozesse. Es wurden IT-Lösungen gesucht, die möglichst viel Bürokratie abwickeln und Mitarbeitende entlasten. All dies tat er, um sich wieder auf das Wesentliche in der Pflege konzentrieren zu können: den Menschen. Aufgabe jeder Nurse bei Buurtzorg ist nicht nur die pflegerische Versorgung, sondern auch der Aufbau eines sozialen Netzwerks rund um den zu Versorgenden. Dazu gehören Angehörige, Ärztinnen und Ärzte, aber auch Nachbarn und jede andere unterstützende Person oder Institution. „Nursing" umfasst für de Blok alles, was zur Selbstständigkeit und zur Gesundheit des Klienten oder der Klientin beiträgt.

Die Pflegenden tragen die Verantwortung

Jos de Blok reduzierte Komplexität und schaffte es, die Verantwortung für die Pflegebedürftigen wieder auf die Pflegenden selbst zu übertragen. Alle Entscheidungen sollten von den selbststeuernden Teams eigenständig getroffen werden. Das Management dient nicht mehr der Steuerung und Kontrolle, sondern der Unterstützung nach Bedarf.

Maximal 12 Nurses umfasst jedes Team bei Buurtzorg. Die Teams arbeiten eigenständig innerhalb fester Grundprinzipien, die von Buurtzorg vorgegeben sind, und versorgen ein lokal begrenztes Umfeld – die Nachbarschaft. Dabei entscheiden sie selbst, wie viele und welche Pflegebedürftige sie versorgen können. Im Team wird über alle Aspekte der täglichen Arbeit entschieden: Pflegeplanung, Dienst- und Urlaubsplanung oder auch Fortbildung. Die Pflegenden teilen die Aufgaben des Teams unter sich auf, entscheiden, wann sie sich treffen und legen die Agenda ihrer Besprechungen gemeinsam fest, wobei eine oder einer die lösungsorientierte Gesprächsführung übernimmt. Sie kontrollieren auch die Qualität ihrer Arbeit im Team. Entscheidungen werden anhand eines vorgegebenen Prozesses gemeinsam getroffen, jedoch nicht unbedingt im Konsens. Innerhalb des Teams gibt es keine Chefinnen oder Chefs. Die Teammitglieder tragen gemeinsam Verantwortung und steuern sich selbst. Jedoch nicht im freien Raum – sondern mit Unterstützung, die ihnen die Organisation bietet.

Die Zentrale führt nicht, sie unterstützt

Diese Freiheit bedeutet viel Verantwortung für die Pflegenden. Keine leichte Aufgabe. Mitarbeiterinnen und Mitarbeiter im Buurtzorg-Modell erhalten entsprechende Fortbildungen und Hilfestellungen. Sie werden beispielsweise in Methoden der Entscheidungsfindung, der Konfliktlösung, im aktiven Zuhören, in gewaltfreier Kommunikation und im Peer Coaching, einer kollegialen Beratung, geschult. Lösungsfokussierte statt problemorientierte Gespräche sind das Ziel der Teamsitzungen. Unterstützt werden die Teammitglieder auch vom Buurtzorgweb, einem internen IT-Portal, das dem Austausch von Expertise und Informationen, aber auch der Automatisierung vieler Prozesse dient. Teams können sich auch gegenseitig besuchen, um voneinander zu lernen. Fortbildungen werden zudem durch E-Learning und die Buurtzorg Academie gefördert. Bei technischen oder organisatorischen Problemen gibt es Unterstützung aus der Zentrale in Almelo. Entsteht innerhalb eines Teams ein nicht zu lösender Konflikt oder ist es mit einem Problem überfordert, gibt es regionale Coaches, die zur Beratung angefordert werden können. Wichtig ist: Welche Unterstützung sie benötigen, entscheiden die Teams selbst!

Pflege besteht nicht mehr aus fragmentierten Einzelleistungen. Buurtzorg will ganzheitliche Pflege. Auch für die Pflegenden ist das ein Gewinn. Sie können wieder das tun, wozu sie sich berufen fühlen – helfen – und hierfür ihr ganzes pflegerisches Fachwissen einsetzen. Die Buurtzorg-Teams erfahren viel Dankbarkeit gerade von Familien, die ihre pflegebedürftigen Angehörigen in guten Händen wissen und eine Bezugsperson haben, der sie vertrauen.

Diese selbstverantwortliche Art zu arbeiten und den Pflegeberuf ganzheitlich ausüben zu können, ist für die Pflegerinnen und Pfleger enorm motivierend. Die Beziehungen, die sie zu den pflegebedürftigen Menschen und deren Familien aufbauen, und die Dankbarkeit, die sie erfahren, machen ihren Beruf wieder wertvoll und sinnstiftend, wie viele Nurses berichten. Hinzu kommt, dass Buurtzorg überdurchschnittlich gut bezahlt und die Leistung der Nurses so auch finanziell eine angemessene Wertschätzung erfährt.

In seinem Buch „Reinventing Organizations" beschreibt Frédéric Laloux Buurtzorg als eines der Unternehmen, die Vorreiter neuer Organisationsformen mit hoher Mitarbeitermotivation sind. Das Unternehmen wurde regelmäßig zum besten Arbeitgeber der Niederlande gewählt. Ein Pflegeunternehmen als bester Arbeitgeber! Das System von Buurtzorg zeigt, wie neue Formen der Zusammenarbeit in der Pflege nicht nur möglich sind, sondern gerade für die Pflege auch besonders geeignet. Pflegekräfte an der Basis gestalten ihre Arbeit und ihre Beziehung zu den Pflegebedürftigen selbst – und sehen in ihrem Beruf wieder den ursprünglichen Sinn.

Das erfordert Engagement der Leitung und des gesamten Pflegeteams. Es erfordert Mut und den Willen jedes Einzelnen, mehr Verantwortung zu übernehmen. Doch Neues zu wagen lohnt sich. Wer Mitarbeiterinnen und Mitarbeitern ermöglicht, sich mit all ihren Talenten, ihrem Wissen und ihren Interessen einzubringen, setzt Energie frei – bei den Pflegenden wie den zu Pflegenden.

Dass dies nicht immer einfach ist und bei Pflegekräften sogar auf Widerstand stoßen kann – diese Erfahrung hat die Sander Pflege GmbH in Emsdetten gemacht. Sie holte sich Unterstützung von Jos de Blok und seinem Team, um den Übergang zur neuen Arbeitsweise von erfahrenen Coaches begleiten zu lassen.

UDO JANNING

Buurtzorg in Deutschland

Das Buurtzorg-Modell in Deutschland umzusetzen, bedarf einiger Vorbereitungen. Aufgrund der Nähe zu den Niederlanden haben wir uns an die dortigen Kollegen gewandt. Der eigentliche Plan, ein neues Team, ohne Patienten, ähnlich wie in den Niederlanden zu starten, erwies sich als schwierig.

Obwohl wir in allen Medien dafür geworben haben, fand sich keine Pflegekraft. Oft bekamen wir Anrufe von Interessenten, die das Modell sehr spannend fanden, aber doch lieber später dazukommen würden. Der Mut, etwas Neues zu beginnen, schien zu fehlen. Nach ca. einem halben Jahr erfolgloser Akquise mussten wir unsere Pläne verändern. Wir beschlossen, Mitarbeiterinnen und Mitarbeiter in bestehenden Kleinteams der beiden teilnehmenden Firmen Sander Pflege GmbH und der Impulse Pflegedienst GmbH & KO KG zu fragen, ob sie Interesse hätten, in Zukunft nach dem Buurtzorg-Modell zu arbeiten. Hierfür baten wir die Coaches aus den Niederlanden in die drei Teams zu kommen, um über Buurtzorg und die Erfahrungen damit zu berichten. Diese Treffen fanden mehrmals statt, um alle Fragen der Mitarbeitenden zu klären. Nachdem alle Kolleginnen und Kollegen ausreichend informiert waren, erklärten sie sich bereit, dieses Modell auszuprobieren. Die Aussicht, in hierachielosen Teams eigenverantwortlich zu arbeiten, motivierte sie. Eine Kollegin äußerte ihre Bedenken. Sie fühlte sich sicher mit einer vorgesetzten Leitung und wollte dieses „Geführt-Werden“ nicht missen. Nach eingehender Diskussion wechselte sie in ein anderes, im alten System arbeitendes Team.

Nachdem alle teilnehmenden Teams Partnerteams aus den Niederlanden gewonnen hatten, be-

Udo Janning

geb. 1968, wohnt in Mettingen in NRW.

Nach seiner Tätigkeit als Bergmechaniker unter Tage arbeitet er seit 1989 als examinierter Altenpfleger in der Pflege, sowohl stationär als auch ambulant.

Zurzeit arbeit er bei der Sander Pflege GmbH mit Sitz in Emsdetten/NRW und ist dort in der Pflegeberatung, als PDL, hauptsächlich aber als Projektbegleiter für das Buurtzorg-Modell eingesetzt. Nach der Gründung von Buurtzorg Deutschland als eigenständiges Firmenmodell wird Udo Janning als Projektbegleiter und Coach dorthin wechseln. Zusätzlich unterrichtet er am Caritas Fachseminar in Ibbenbüren als Honorarkraft.

Gebt die Verantwortung zurück an die Basis. Dort arbeiten die, die sich wirklich mit Pflege auskennen.

Udo Janning

gannen die Teammitglieder nun die ersten eigenständigen Entscheidungen zu treffen. Ein Team wechselte die Örtlichkeiten, um näher an die Patienten heranzurücken und somit lange Fahrtwege zu vermeiden. Innerhalb der Teams wurde begonnen, die Rollen und die damit verbundenen Aufgaben zu verteilen.

Die Aufgabe der Coaches besteht nun darin, die Mitarbeiterinnen und Mitarbeiter in der hierachielosen Arbeit und Kommunikation zu schulen, da ansonsten die Gefahr besteht, dass einzelne unbewusst in ein Leitungsverhalten hineinwechseln. Durch das jahrelange Arbeiten in Teams mit Leitungskräften ist das Umdenken und das Treffen von Konsensentscheidungen verlernt – oder nie erlernt – worden. Die Begleitung durch die niederländischen Coaches hilft uns hierbei sehr.

Im Buurtzorg-Modell zu arbeiten erfordert eine andere, lösungsorientierte Kommunikation innerhalb der Teams. Vertrauen und Transparenz sind hierbei die Grundlagen. Schulungen und Begleitung der Teams, gerade in der Anfangsphase, sind zwingend notwendig, um Gleichberechtigung zu schaffen.

„Die Offenheit und die Motivation der Teammitglieder ist in unseren Teams hoch, sodass wir positive Ergebnisse bereits jetzt feststellen und die Teams immer eigenständiger agieren."

Erlerntes Verhalten zu ändern ist schwer, das zeigt das Beispiel von Sander Pflege. Zu schnell fällt man in alte Gewohnheiten – sei es aufseiten der Führenden als auch derjenigen, die es gewohnt sind, Anweisungen zu befolgen, anstatt selbst Entscheidungen zu treffen. Auch der Mut, Neues zu wagen, scheint selten.

Einer derjenigen, die Neues gewagt haben, ist Andreas Klein. Frustriert von der entmenschlichten Arbeit in der Pflege, war er kurz davor, hinzuschmeißen und den Beruf zu wechseln. Stattdessen gründete er – inspiriert von Buurtzorg – ein Unternehmen nach einem eigenen Modell: die Quartierspflege.

ANDREAS KLEIN

Pflegebedürftige Menschen wieder zurück in die Gesellschaft holen: mit Quartierspflege-Teams

„Waschen, füttern, Spritzen geben. Das alles in Akkordzeit von 30 Minuten, inklusive An- und Abfahrt und Dokumentation. Und ab zum nächsten Patienten. Am Ende des Fließband-Arbeitstages noch ein paar bürokratische Aufgaben. So sieht der Alltag für viele ambulante Pflegekräfte in Deutschland aus. Gehetzte Pflegekräfte verrichten bloße Handgriffe an Patienten, für ein Gespräch fehlt die Zeit. Die pflegebedürftigen Menschen werden reduziert auf Objekte, an denen Aufgaben erledigt werden.

Damit reiht sich die Pflege in unser Zeitalter ein. Im Zeitalter der Industrialisierung und in der Folge der Globalisierung geht es überall um permanentes Wachstum, denn nur so kann dieses System überleben. Kurzum, wir plündern und zerstören unseren gesamten Planeten und zwar ohne Rücksicht. Das jetzige System lebt von Verdrängung und dem Kampf um Ressourcen. So muss es zwangsläufig zu einem Kollaps kommen. Die Frage ist dabei nicht ob, sondern nur wann und in welchem Maße das geschieht. Dem jetzigen System hat sich ausnahmslos alles unterzuordnen, also auch der Mensch.

Andreas Klein

Andreas Kleins Weg in die Krankenpflege begann vor über 35 Jahren, mit der Ausbildung zum Krankenpfleger. 1993 gründete er seinen ersten ambulanten Pflegedienst in Düsseldorf, die CareTeam GmbH, deren Geschäftsführer er heute noch ist. Neben der CareTeam GmbH leiten er und sein Partner Stephan Gaßner seit dem Jahr 2000 ein Pflegedienst-Tochterunternehmen in Mülheim an der Ruhr sowie seit 1997 eine Verwaltungsgesellschaft, die CareService. Insgesamt beschäftigt Andreas Klein in allen Unternehmen knapp 100 Mitarbeiterinnen und Mitarbeiter.

https://careteam-pflege.de

Entmenschlichte Pflege in einem kaputten System

Die Einführung der Pflegeversicherung 1995 rief private Betreiber auf den Plan. Die ambulante Pflege wurde lukrativ. Die Pflegestatistik des Statistischen Bundesamts (Stand Februar 2017) zählt derzeit bun-

Bestärken selbst-steuernde Teams

desweit 13.400 ambulante Dienste. Zwei Drittel werden durch private Unternehmen betrieben, ein Drittel sind freigemeinnützige Träger wie Wohlfahrtsverbände und Kirchen. Ein kleiner Teil, ein Prozent, ist von kommunalen Trägern. Alle Dienste stehen im Wettbewerb zueinander.

Im Mittelpunkt steht der Faktor Zeit und damit die Gewinnmaximierung für das dahinterstehende Unternehmen. Durch das Krankenkassen-System der Fallpauschalen-Abrechnung ist es lukrativ, mehr Leistungen in kurzer Zeit zu erbringen (z. B. Insulingabe = 10 Euro, komplett waschen = 20 Euro). Dazu kommt: Je höher der Hilfebedarf und damit die Pflegestufe, umso mehr steigen die abrechenbaren Leistungen. Dienstleister können darum primär kein Interesse daran haben, Menschen wieder in die Selbstständigkeit zu bringen.

Vergessen wird hier vor allem eins: der Faktor Mensch. Der Grund, warum wir Pflegekräfte ursprünglich unseren Beruf gewählt haben. Aktivierende Pflege mit dem Ziel, Menschen wieder selbstständig und unabhängig zu machen, ist unsere oberste Maxime. Gleichzeitig ist sie auch eines der schönsten Erfolgserlebnisse in unserem Beruf.

> **Wir sind noch ganz am Anfang unserer Reise, die Pflege wieder menschlicher zu gestalten.**
>
> *Andreas Klein*

Pfleger aus Überzeugung

Wir wollten Menschen helfen. Zumindest wollte ich genau das. Und zwar seit ich denken kann. Meine Mutter war Krankenschwester, darum hatte ich schon früh Berührung mit dem Thema Pflege. Mein Weg in die Krankenpflege begann vor über 35 Jahren, im Jahre 1981 mit der Ausbildung zum Krankenpfleger. Über verschiedene Stationen, wie z. B. Fachkrankenpfleger für Anästhesie und Intensivmedizin habe ich 1993 meinen ersten ambulanten Pflegedienst in Düsseldorf gegründet, die CareTeam GmbH; deren Geschäftsführer bin ich noch heute. Insgesamt beschäftigen wir in allen Unternehmen knapp 100 Mitarbeiterinnen und Mitarbeiter.

Vor zwei Jahren war ich, wie meine Kollegen, kurz davor hinzuschmeißen. Ich war es leid, das Resultat dieser entmenschlichten Arbeit im Dauerstress zu erleben. Als Arbeitgeber haben wir mit dem akuten Mangel an Pflegekräften zu kämpfen und mit dem hohen Krankheitsstand. Unsere Pflegekräfte leiden unter mangelnder gesellschaftlicher Anerkennung, die hilfebedürftigen Menschen unter Vereinsamung und dem Gefühl, eine Last zu sein.

Kurz: Unser System ist kaputt. Ich fragte mich: Soll ich den Pflegedienst verkaufen und was ganz anderes machen? Ich beschäftigte mich mit alternativen Zusammenarbeitsformen, stieß bei meinen Recherchen auch auf Lalouxs Buch „Reinventing Organzations" und dort auf das holländische Modell von Buurtzorg (‚Nachbarschaftshilfe`). Dort bilden kleine, unabhängige Teams von Pflegekräften ein Netzwerk mit Verwandten, Ärzten und anderen Dienstleistern. Das hat mich beflügelt.

Anpacken und neue, unabhängige Teams kreieren: die Quartierspflege

Ich wollte den Missständen in der Pflege etwas entgegensetzen. Ich wollte zeigen, dass man den Menschen in den Mittelpunkt seiner Tätigkeit stellen kann, dass man Freiräume für die eigenen Mitarbeiterinnen und Mitarbeiter schaffen kann. Wo sonst anfangen, wenn nicht bei mir, um etwas zu ändern?

Darum arbeiten wir seit einigen Monaten an einer neuen Struktur, einem neuen Arbeitsmodell, angelehnt an Buurtzorg. Ganz übertragbar ist das System nicht, da Holland nicht nach Fallpauschalen vergütet, sondern nach Zeit, und da der Ausbildungsgrad der Pflegekräfte dort höher ist als bei uns. Dazu kommt, dass die Quote von Pflegekraft zu Pflegebedürftigen in Holland bei 1 zu 7 liegt, in Deutschland ist es 1 zu 14. Aber das soll uns nicht aufhalten. Das erste Team findet sich gerade zusammen in Düsseldorf-Urdenbach. Wir sind sozusagen noch im Beta-Stadium, dem Stadium des Ausprobierens. In dem Team, das wir derzeit noch „Quartierspflege" nennen, arbeiten 10 Pflegekräfte mit unterschiedlichen Qualifikationen, Fähigkeiten und in unterschiedlichen Rollen. Es gibt keine hierarchischen Strukturen, wie eine Pflegedienstleitung. Wo diese bisher Schichtpläne aufstellte und bürokratische Aufgaben erledigte, werden ihre Aufgaben im Team verteilt. Die Dienstpläne werden zusammen erarbeitet. Eigenbestimmtes Arbeiten ist der Kern dieser neuen Organisationsform. Wir merken schon nach diesen paar Monaten, wie sich die Zufriedenheit der Kolleginnen und Kollegen signifikant gesteigert hat.

Digitale Prozesse zur Bewältigung der Bürokratie

Der anfallende bürokratische Aufwand muss trotzdem weiterhin erledigt werden, darum haben wir über Wege nachgedacht, wie wir uns mehr Zeit und Freiraum schaffen können. Die Lösung ist digital. Jedes Teammitglied hat ein 10'-Tablet mit SIM-Karte und kann sich so mit den Teamkollegen auf verschiedenste Weise jederzeit austauschen. Gearbeitet wird in der Cloud, auf die alle Zugriff haben und in der sich auch das Intranet findet. Wir haben dadurch Zeit gewonnen und können schneller und effizienter kommunizieren. Digitale Prozesse haben noch einen Vorteil: Die Fehlerquote kann minimiert werden – denn wie schnell ist ein Haken im Abrechnungssystem falsch gesetzt! Die Lösung liegt in gezielten Rollenverteilungen im System.

Die Zukunft: ein Pflegenetzwerk im Viertel

Der Trend zur häuslichen Pflege ist klar erkennbar: Die meisten Deutschen wollen im Alter zu Hause gepflegt werden.[1]

1 (Quelle: Eine repräsentative Umfrage des Apothekenmagazins „Senioren Ratgeber", durchgeführt 2017 von der GfK Marktforschung Nürnberg bei 2.020 Frauen und Männern ab 14 Jahre.)

Für die Zukunft stelle ich mir vor, dass die einzelnen Quartierspflege-Teams sich in ihren Vierteln mit den Angehörigen und Freunden der pflegebedürftigen Menschen genauso vernetzen wie mit lokalen Dienstleistern, wie zum Beispiel Bäckern oder Friseuren. Holen wir die Menschen wieder zurück in die Mitte der Gesellschaft, in die Mitte ihres Viertels. Raus aus der Vereinsamung.
Damit wird ein Umzug ins Altenheim weniger notwendig. Dies gelingt, wenn wir die Versorgung und Pflege unserer hilfebedürftigen Menschen als gemeinschaftliche Aufgabe ansehen. Es gibt genügend Menschen in den jeweiligen Wohnquartieren, die Aufgaben übernehmen würden, auch ehrenamtlich. Nicht zuletzt deswegen haben wir eines unserer Ziele entsprechend formuliert: „Pflege verbindet Menschen."

Wir sind noch ganz am Anfang unserer Reise, die Pflege wieder menschlicher zu gestalten. Stück für Stück. Sicherlich werden wir auf diesem Weg nicht alles richtig machen, aber wir arbeiten an Lösungen.

Was wir dafür brauchen sind Pflegekräfte, Freiwillige und jegliche Menschen, die Lust haben, jetzt anzupacken. Machen, statt nur reden!"

Wenn Pflege über den Tellerrand schaut

Diese Beispiele zeigen: Aus einer Krise kann eine Chance werden. Wer sieht, was falsch läuft, hat damit schon fast die Lösung gefunden. Es erfordert Mut, neue Wege zu gehen, denn natürlich können sie auch scheitern. Aber es hilft, sich Vorbilder zu suchen. Was funktioniert in anderen Ländern oder auch in anderen Branchen? Lässt sich das auf die Pflege übertragen? Auch Moritz Lienert, einer der Gründer des Berliner Start-ups Pflegetiger, hat sich gefragt, warum die Pflege noch nicht die Möglichkeiten nutzt, die anderswo bereits etabliert sind. Auch sie schauten sich an, wie Prozesse so optimiert werden können, dass es allen nützt: den Mitarbeiterinnen und Mitarbeitern und den Kunden ihres ambulanten Pflegedienstes.

MORITZ LIENERT

Unsere Vision: Pflege 2.0

„Wir leben in einer Zeit der Digitalisierung. Veraltete Prozesse werden überholt, automatisiert und somit zur Erleichterung aller verbessert. Täglich sind Smartphones in Gebrauch, mithilfe von Apps lässt sich der Alltag bequemer gestalten und Kommunikationswege werden deutlich verkürzt. Wenn wir im 21. Jahrhundert in beinahe allen Bereichen mit der Zeit gehen, wieso sollte die Pflege als einer der zukunftsträchtigsten Bereiche in einer alternden Gesellschaft hinterher hinken? Das ist die Grundsatzfrage, mit der wir bei Pflegetiger 2016 gestartet sind - und zwar mit neuen Technologien, einer eigenen Pflege-App und modernen Strukturen. Angetrieben von der Vision, die ambulante Pflege wieder attraktiv für Pflegefachkräfte zu gestalten, haben wir ein eigenes Konzept der Nachbarschaftspflege entwickelt. Es basiert auf einer dezentralen Arbeitsweise, der Kombination von Grund- und Behandlungspflege und der Nutzung neuer Technologien. Aktuell betreuen ca. 100 Pflegefachkräfte rund 800 Kunden im Gesamtraum Berlin und die Nachbarschaftspflege stößt beiderseits auf positive Resonanz.

Moritz Lienert

2016 gründete Moritz Lienert gemeinsam mit Constantin Rosset und Philipp Pünjer das Unternehmen Pflegetiger. Ihr Antrieb war es, Menschen zu ermöglichen, so lange wie möglich ein glückliches und selbstbestimmtes Leben in ihren eigenen vier Wänden zu führen, ohne dabei Angehörige außen vor zu lassen. Das innovative Konzept rund um die Nachbarschaftspflege in der Praxis wird erfolgreich umgesetzt. Abläufe in der ambulanten Pflege sollen für alle Beteiligten neu gedacht und optimal gestaltet werden. Trotz der positiven Resonanz geriet das Start-up Ende 2018 in finanzielle Schwierigkeiten und meldete Insolvenz an. Ob die Idee trotzdem gerettet werden kann, wird sich zeigen.

Unser Konzept: Die technologiegetriebene Nachbarschaftspflege

Dezentrale Arbeitsweise

Jede Pflegefachkraft weiß, dass in der ambulanten Pflege eigentlich kein Weg am morgendlichen Bürobesuch vorbeiführt. Nicht so bei Pflegetiger, denn dank der umfangreichen Digitalisierung aller administrativen Arbeitsprozesse können die Pflegefachkräfte ihre Tour morgens direkt von zuhause aus starten. Über die Pflegetiger-App, die auf den Diensthandys installiert und jederzeit abrufbar ist, können alle Informationen zu den Einsätzen online eingesehen werden. Eine weitere Zeiteinsparung gelingt bei den Wegzeiten, die in der ambulanten Pflege bekannterweise einer der größten Zeiträuber sind. Gerade in einer Großstadt wie Berlin sind Staus oder die altbekannte Parkplatzsuche unumgänglich. Doch auch hier setzt die dezentrale Arbeitsweise an, denn die Pflegefachkräfte betreuen nur Patienten in ihrer unmittelbaren Nachbarschaft. Die Wege zwischen den Patienten sind so kurz, dass auf Firmenwagen gänzlich verzichtet werden kann. Stattdessen sind die Pflegefachkräfte auf ihren Pflegetiger-eBikes flexibel in ihrer Nachbarschaft unterwegs. In jedem Berliner Kiez findet sich zudem ein eigener Übergabepunkt, an welchem die Schlüssel zu den Wohnungen der Patienten ohne Umstände abgeholt und sicher verwahrt werden können. Die dezentrale Arbeitsweise bei Pflegetiger basiert also auf dem Gedanken, Zeit dort einzusparen, wo sie nicht gebraucht wird, und dort freizusetzen, wo man sie über Jahre hinweg vermisst hat: in der Pflege an sich. Mithilfe dieser Anpassungen der herkömmlichen Arbeitsweise eines ambulanten Pflegedienstes gehören Zeitdruck, Stress und Belastung des Personals durch die oft zitierte „Minutenpflege" der Vergangenheit an.

Kombination von Grund- und Behandlungspflege

Patienten, die auf ambulante Pflege im eigenen Zuhause angewiesen sind, sind in klassischen ambulanten Pflegediensten durch die Arbeitsteilung der Grund- und der Behandlungspflege auf Pflegehelfer und Pflegefachkräfte häufig einer enormen Unruhe ausgesetzt. Diese Arbeitsteilung wird aus wirtschaftlichen Gründen praktiziert, da für die Grundpflege rechtlich eine niedrigere Qualifikation als für die häusliche Krankenpflege vorausgesetzt wird. Dadurch fehlt den Pflegefachkräften oft der Bezug zu den Patienten und Arbeitsabläufe werden zu Stressfaktoren, da sehr viele Patienten mit sehr kurzen Einsätzen versorgt werden müssen und es an Zeit fehlt, sich wirklich auf die Patienten einzulassen, die Menschen zu verstehen und Krankheitsbilder zu beobachten. Gerade in Anbetracht der Tatsache, dass viele Pflegekräfte ihren Beruf erlernt haben, um für Menschen da zu sein und sich um sie zu kümmern, ist das extrem unbefriedigend. Diesem Problem wirkt der zweite Teil des Konzeptes der Nachbarschaftspflege in Form der ganzheitlichen Pflege entgegen. Bei Pflegetiger übernehmen die examinierten Pflegefachkräfte die komplette pflegerische Versorgung und Betreuung der Patienten, was die Vertrauensbeziehung zwischen Patient und Pflegefachkraft deutlich stärkt und der Qualität der Pflege dienlich ist. Gerade auch bei demenziell erkrankten Patienten kann dies von großem Vorteil sein, da weniger Irritationen durch verschiedene Personen auftreten. Der Patient hat eine feste Bezugsperson und ist während der Pflege im eigenen Zuhause weniger Stress ausgesetzt. Pflegefachkräfte haben weniger Patienten pro Tour zu versorgen, müssen deutlich kürzere Strecken zurücklegen und haben so mehr Zeit bei ihren Patienten. Pflege wird damit wieder auf ihre ursprüngliche Bedeutung zurückgeführt.

Technologie
Während in der deutschen Pflegelandschaft die Kommunikation noch recht analog gehalten ist, wird bei Pflegetiger unternehmensintern die Kommunikation und Organisation der Arbeitsstrukturen unter anderem über eine eigens entwickelte App und ein eigenes soziales Netzwerk gesteuert, welche Prozesse und

> Ambulante Pflege neu zu denken, am Puls der Zeit zu bleiben, Probleme in der Pflegelandschaft wahrzunehmen und dafür effiziente Lösungsansätze zu entwickeln – das ist die tägliche Motivation der Pflegetiger.
>
> *Moritz Lienert*

Schnittstellen optimieren und so die Arbeit erleichtern. Jede Pflegefachkraft erhält ein Smartphone, auf welchem der individuelle Tourenplan von überall aus eingesehen werden kann. Änderungen und andere Updates können so jederzeit und ohne Verzögerung genutzt werden. Dies bietet sowohl den Pflegekräften als auch den Mitarbeitern in der Zentrale zahlreiche Vorteile und soll den bürokratischen und zeitaufwendigen analogen Aufwand auf ein nötiges Minimum reduzieren. Es können über die App beispielsweise Versorgungsunterbrechungen bei Patienten, Wunddokumentationen, Terminänderungen, Schlüsselübergaben, Medikamentenbestellungen- und änderungen, Hilfsmittelanforderungen und Leistungsanpassungen hinterlegt, bearbeitet oder angefordert werden. Auch ein persönlicher Bereich für die Pflegefachkraft ist innerhalb der App installiert und kann für Eintragungen wie z. B. für Dienstplanwünsche oder Urlaubsanträge genutzt werden. Durch diese optimierte Kommunikation können die Mitarbeiter im Büro Informationen schneller und gezielter weiterleiten, bearbeiten und strukturierter verwenden sowie auswerten. Dies erlaubt die Automatisierung zahlreicher sonst sehr aufwendiger Prozesse und macht das Backoffice skalierbarer. Für alle Mitarbeiter bedeutet das eine Arbeitserleichterung durch einen reduzierten Arbeitsaufwand.

Pflege mit Zukunft

Ambulante Pflege neu zu denken, am Zahn der Zeit zu bleiben, Probleme in der Pflegelandschaft wahrzunehmen und dafür effiziente Lösungsansätze zu entwickeln – das ist die tägliche Motivation der Pflegetiger. Lange bestehende Strukturen aufzubrechen bedarf manchmal einer ordentlichen Portion Mut. Doch die positiven Rückmeldungen seitens der Pflegefachkräfte und Patienten bestärken das junge Team jeden Tag darin, das Richtige zu tun. Pflegetiger hofft, mit gutem Beispiel voranzugehen, um so auch andere Pflegeanbieter zum Umdenken motivieren und dadurch einen positiven Beitrag zu der Zukunft der häuslichen Pflege als einem der wichtigsten pflegerischen Versorgungszweige beitragen zu können. Wie auch in anderen Lebensbereichen kann oft mit nur wenigen Schritten schon viel verbessert werden, man muss sich nur aus der Komfortzone wagen. Wie auch der Titel dieses Buches besagt, ist das Pflegetiger-Team überzeugt: ‚Pflege ist stark.' "

Wandel schaffen auch mit kleinen Veränderungen

Lange bestehende Strukturen aufzubrechen bedarf manchmal einer ordentlichen Portion Mut. Dazu gehört – gerade bei Start-Up – auch das Risiko, zu scheitern. Noch geben die Geschäftsführer von Pflegetiger ihre Idee nicht verloren. Die positiven Rückmeldungen seitens der Pflegekräfte und Patienten bestärken sie darin, dafür zu kämpfen, dass ihre Idee weiterhin umgesetzt werden kann.

NATHALIE MÜLLER

Wir stärken die Pflege, weil unsere Mitarbeitenden ihre Stärken einbringen können

„Über häusliche Pflege denken Menschen in ihrem Alltag eher wenig nach. Das Thema spielt erst dann eine Rolle, wenn Angehörige – zum Beispiel Mutter oder Vater– pflegebedürftig werden. Erst dann beschäftigt man sich damit, über Hilfe und Unterstützung nachzudenken. Einzelne Aspekte wie der Pflegekräftemangel oder das neue Pflegestärkungsgesetz dringen zwar ins Bewusstsein der Gesellschaft, führen aber eher nicht dazu, dass man sich dem Thema Pflege wirklich nähert.

Durch die demografische Entwicklung wird das Thema Pflege aber immer mehr zu einem gesellschaftlichen Brennpunkt. Der zu erwartende Anstieg der Pflegebedürftigen aus den geburtenstarken Jahrgängen sowie die meist gewünschte Verzögerung einer stationären Versorgung stellen die Gesellschaft vor enorme Herausforderungen. Die Problematik verschärft sich vor allem durch drei weitere Faktoren: Die Pflege-Einrichtungen arbeiten unter hohem wirtschaftlichem Druck. Die Leistungsanforderungen an die Pflegekräfte sind immens. Es mangelt hinten und vorne an Fachpersonal.

Es ist paradox: Pflege wird auf persönlicher Seite zu lange ausgeblendet. Auf der professionellen Seite ringen wir dagegen darum, dem Bedarf an Pflege nachzukommen. Um die Situation aufzuhebeln, brauchen wir Ideen und Konzepte, die dazu beitragen, das Thema Pflege vom Rand in die Mitte der Gesellschaft zu bringen.

Nathalie Müller

Nathalie Müller ist 44 Jahre alt und hat nach einer Lehre im sozialen Bereich zur Bürokauffrau ein BWL-Studium erfolgreich absolviert. Nach dem Studium war sie viele Jahre in der Logistikbranche im Bereich Projektmanagement/Business Development tätig. Nach der Elternzeit für ihre 3 Kinder hat sie die Chance ergriffen, wieder in den sozialen Bereich zurückzukehren. Sie ist nun seit 2014 als Geschäftsführerin der Ökumenischen Sozialstation St. Franziskus Unterer Breisgau e. V. tätig, einem ambulanten Pflegedienst mit 104 Mitarbeitenden und ca. 600 Kunden. Außer den körpernahen Pflegeleistungen und der Behandlungspflege bietet er Dienstleistungen in der Hauswirtschaft, einen Mahlzeitenbringdienst, Hausnotruf, Familienhilfe und verschiedene Betreuungsleistungen an.

Wie erreichen wir eine hohe Arbeitszufriedenheit bei den Pflegenden?

Für uns kann dies nur bei den Pflegekräften selbst beginnen. Unsere Pflegekräfte sind sehr vielen Belastungen und sich ständig ändernden Anforderungen ausgesetzt. Dies kann von ihnen nur dann bewältigt werden, wenn wir sie bei ihrer Arbeit unterstützen und sie darin bestärken, konkret bei der Entwicklung unseres Unternehmens und der Pflegelandschaft mitzuwirken.

Wichtig ist für uns als Unternehmen also die Frage: Wie können wir unsere Pflegekräfte so in ihrem Tun stärken und unterstützen, dass sie ihren Beruf gerne ausüben und diese Zufriedenheit auch in die Haushalte unserer Kunden tragen können?

Wichtig ist es, dass wir für unsere Mitarbeitenden immer ein offenes Ohr haben, um wahrzunehmen, was sie bewegt. Wir haben uns gefragt: Wie können wir jede individuelle Lebenssituation so wahrnehmen und unterstützen, dass sich eine hohe Betriebszufriedenheit einstellt?

Selbstwirksamkeit der Mitarbeitenden: Ideen einbringen, an Lösungen arbeiten

Unsere Antwort darauf ist eine hohe Beteiligung unserer Mitarbeitenden an unserer Unternehmensentwicklung. Neue Ideen und Querdenken sind ausdrücklich erwünscht. Konkret leben wir dies z. B. mit der Einrichtung von Expertenteams. Zu aktuellen Themenstellungen tauschen sich Mitarbeitende außerhalb des Unternehmens aus und entwickeln Vorschläge und Ideen. Ergebnisse aus diesen Workshops werden dann mit einer Zeitleiste versehen und weiterverfolgt.

Missstände arbeiten wir in Reflexionsmeetings auf. Dabei schreiben die Mitarbeitenden anonym alle Themen, die sie gerade beschäftigen, auf Pinkarten. Diese werden dann thematisch gruppiert und es wird darüber diskutiert. Ziel ist es, jedes Thema mit einer Zeitleiste zu hinterlegen und ein Team zu benennen, das sich mit diesem Thema beschäftigt, wenn es sich nicht sofort lösen lässt. Wenn eine Veränderung nicht möglich ist, wird dies begründet.

Bei aktuellen betriebsinternen Themen, wie z. B. einem Neubau des Betriebsgebäudes, ist es uns wichtig, die Mitarbeitenden von Anfang an in die Raum- und Ablaufplanung einzubinden.

Den Mitarbeitenden Vertrauen entgegenzubringen und jeden Einzelnen im Blick zu haben, ist ein wesentlicher Bestandteil unseres Erfolges. So können Mitarbeiter vor Ort beim Kunden im Rahmen ihrer Tätigkeit Entscheidungen treffen, in denen wir sie unterstützen.

Wohlbefinden der Mitarbeitenden: Bedürfnisse wahrnehmen

Uns ist auch bewusst, dass es für das individuelle Wohlbefinden der Mitarbeitenden wichtig ist, das Privatleben mit dem beruflichen Einsatz gut verbinden zu können. Wochenendeinsätze, Abend- und Vertretungsdienste sind an sich schon sehr belastend. Deshalb sind wir darauf bedacht, auf Dienstplanwünsche unserer Mitarbeitenden nach Möglichkeit einzugehen.

Auch individuelle Lebenssituationen versuchen wir durch Elterntouren und Arbeitszeitkonten möglichst zu berücksichtigen.

Und auch die vielen kleinen Annehmlichkeiten, die wir unseren Mitarbeitenden gewähren, sorgen dafür, dass sie sich am Arbeitsplatz wohlfühlen. So ist es für uns selbstverständlich, dass täglich frisches Obst, Mineralwasser und Kaffee kostenfrei bereitsteht. Durch ein spezielles Gesundheitsförderprogramm kann jeder Mitarbeitende selbst entscheiden, ob er Fitnessstudios, Schwimmbäder oder Entspannungsangebote nutzen möchte. In der dunklen Jahreszeit unterstützen wir unsere Mitarbeitenden mit Taschenlampen, Taschenalarmen und Reflektorbändern.

Wichtig ist uns und unseren Mitarbeitern auch, dass wir den Kunden Zeit schenken können. Deshalb hat es uns besonders gefreut, dass wir durch Verhandlungen mit den Pflegekassen mehr Zeit bei den Kunden vor Ort einplanen können.

Dies alles führt zu einer hohen Zufriedenheit unserer Mitarbeitenden, die in die Haushalte getragen wird und zu der hohen Kundenzufriedenheit führt, die uns in den regelmäßigen Befragungen immer wieder bescheinigt wird.

Wir bestärken unsere Mitarbeiter darin, ihre Potenziale zu entwickeln und sich dort Gehör zu verschaffen, wo dies notwendig ist.

Positives Image der Pflege: Selbst aktiv werden

Mit einem jährlichen Benefizprogramm zeigen wir auch in der Gesellschaft, wie sich das Thema Pflege humorvoll, allgemeinverständlich und kulturell hochwertig auf die Bühne und damit in die Herzen von Menschen aller Altersgruppen bringen lässt. An drei aufeinander folgenden Tagen bieten wir ein informatives und unterhaltsames Programm mit Vorträgen, Kabarett und Konzert. Die Abendprogramme sind regelmäßig ausverkauft und die Besucherinnen und Besucher können feststellen, dass Pflege nicht nur ernste Seiten hat, sondern auch mit empathischen und sogar humorvollen Momenten fesseln kann. Das wirkt sich auch auf unsere Arbeits- und Ausbildungssituation aus. Nach jeder Veranstaltung erhalten wir viele Bewerbungen von Pflegekräften, die sich davon angesprochen fühlen, in solch einem dynamischen Umfeld zu arbeiten.

„Der Mitarbeiter ist nicht nur Mitarbeiter in unserem Unternehmen, sondern auch Mensch in seinem Umfeld, der Familie und der Gesellschaft. Dies gilt es zu berücksichtigen und miteinander zu verbinden. Nur wer sich an seinem Arbeitsplatz wohlfühlt, kann auch gute Arbeit leisten."

Nathalie Müller

Pflege geht uns alle an. Wir sehen uns daher in der Verantwortung, tragfähige Netze zwischen der Bevölkerung und der professionellen Pflege zu schaffen – für eine stabile und auch zukünftig qualitativ hochwertige Versorgung."

Das Beispiel von Nathalie Müller zeigt, dass es auch ohne großen Aufwand möglich ist, sich auf die Bedürfnisse von Mitarbeiterinnen und Mitarbeitern einzustellen. Auch sie geht davon aus, dass Mitarbeitende sich gerne an der Unternehmensentwicklung beteiligen und selber Lösungen entwickeln wollen. Und dass sich eine höhere Arbeitszufriedenheit einstellt, wenn man ihnen dies ermöglicht. Eigenverantwortung und Basisdemokratie scheint sowohl in der stationären als auch der ambulanten Pflege neue Kräfte und Energien freizusetzen. Mitarbeitende erleben sich als selbstwirksam und können Veränderungen anstoßen, die ihre Arbeitsbedingungen verbessern. Oft sind es kleine, aber sehr konkrete und praxisnahe Veränderungen, die eine höhere Arbeitszufriedenheit ermöglichen. Ein Umdenken der Führungskräfte erfordert also die Bereitschaft, sich hinterfragen zu lassen – und das Vertrauen in ihre Mitarbeitenden.

KAPITEL 5

PFLEGE IST VIELFALT

Pflege hat mittlerweile viele Gesichter. Wir haben uns weit entfernt von einem Pflegeverständnis zwischen „Daheim" und „Heim". Innerhalb der stationären und ambulanten Pflegelandschaft gibt es so viele Facetten. Pflegeheime, Service-Wohnen, Wohngruppen und Wohngemeinschaften, Genossenschaften, Green Care (Pflege auf dem Bauernhof), ambulante Versorgung zu Hause. Die Versorgungslandschaft ist bunt geworden. Und damit auch die Einsatzmöglichkeiten und Arbeitsplätze für Pflegekräfte. In der allgemeinen Diskussion spiegelt sich das kaum wider. Wenn von Pflegenotstand und der desolaten Arbeitssituation von Pflegekräften gesprochen wird, muss man glauben, dass dies das unumkehrbare Schicksal von Pflegekräften ist. Dass es gar nicht anders geht, als in stationären Einrichtungen Dienst an Dienst zu arbeiten und daran zu zerbrechen oder mindestens zu erkranken. Dass dem nicht unbedingt so sein muss, zeigen uns Pflegekräfte, die neue Wege gehen. Pflegekräfte, die für

„TRAUT EUCH etwas zu sagen, denn ihr könnt die Situation mit dem Patienten durch eure tägliche Arbeit am besten einschätzen."

Stefanie Hederer

sich entschieden haben, das aktuelle System so nicht mehr mitzutragen. Diese Pflegekräfte haben für sich den Weg in die Selbstständigkeit gewählt. So vielschichtig wie die Pflegelandschaft geworden ist, so unübersichtlich ist sie aber auch für Pflegebedürftige und deren Angehörige. Immer neue Gesetzeslagen machen es schwierig, im Falle einer Pflegebedürftigkeit diese Materie auch nur ansatzweise zu durchdringen. Viele Menschen, die selbst oder innerhalb ihrer Familie in eine Pflegesituation geraten, stehen oft ratlos da. Hier hat sich ein breites Geschäftsfeld für Kennerinnen und Kenner der Materie Pflege eröffnet. Beratung und Begleitung rund um die Pflege – wer kann das besser als Pflegekräfte selbst. Ihnen geht es darum, ihren Platz in der Pflege selbst zu definieren. Sie haben sich die Frage gestellt, wie sie etwas in der Pflege verändern können und sich dabei doch selbst treu bleiben.

So auch Stefanie Hederer. Sie hat ihre Pflegeausbildung mit Leidenschaft begonnen und absolviert. Der Wunsch, mit Menschen zu arbeiten, war ihr Antrieb. Durch ihr Studium Pflegewissenschaft/Pflegemanagement mit dem Vertiefungsschwerpunkt Advanced Nursing Practice ANP hat sie sich selbst Möglichkeiten eröffnet. Stefanie Hederer wartet nicht darauf, dass sie ein adäquates Arbeitsangebot bekommt. Sie entschließt sich für die Selbstständigkeit.

STEFANIE HEDERER

Von der Pflegerin zur APN-Beraterin: Mein Weg in die Selbstständigkeit

„Für die Gesundheits- und Krankenpflege habe ich mich als Jugendliche entschieden, weil ich Menschen helfen wollte. Ich habe im Krankenhaus und Ausbildungseinrichtungen gearbeitet. Seither habe ich studiert und mich schließlich – mit einem Master in Pflegewissenschaft/Pflegemanagement in der Tasche – gefragt: Was möchte ich tun?

In der gesamten Zeit von Ausbildungen und Anstellungen ist mir bewusst geworden, dass ich in dem Pflegesystem, wie es momentan ist, nicht dauerhaft arbeiten möchte. Ich wollte und möchte etwas verändern und bei dem, was ich tue, ein gutes Gefühl haben.

So entschied ich mich, als freiberufliche Pflegeexpertin im ambulanten Bereich Beratungen rund um Gesundheit, Krankheit und Pflege anzubieten. Durch die gezielte Begleitung, Unterstützung und Organisation von Hilfen sollen pflegende Angehörige in ihrem Alltag entlastet und Pflegebedürftigen ein Leben in der eigenen Häuslichkeit bis zuletzt ermöglicht werden. Das Ziel meiner umfassenden Beratung ist, dabei in erster Linie, die pflegenden Angehörigen zu entlasten, da diese einer Mehrfachbelastung ausgesetzt sind. Einerseits steht die Versorgung des Pflegebedürftigen im Mittelpunkt, zeitgleich nehmen sie bürokratische Hürden auf sich, um Leistungen von der Pflegekasse zu erhalten. Andererseits sind sie häufig auch selbst noch berufstätig und haben familiäre Verpflichtungen.

Zudem sollen durch meine gezielten Beratungsleistungen aber auch Pflegefachpersonen in ambulanten Pflegediensten eine Entlastung spüren. Denn sie haben oft wenig Zeit für die Beratungen nach §37 Abs. 3 SGB XI. Bei mir können diese tiefgründiger und umfassender stattfinden, fernab von jeglichem Zeitdruck. Diese gewonnene Zeit können Pflegefachpersonen entsprechend der Qualifikation wieder für die pflegerischen Tätigkeiten am und mit dem Pflegebedürftigen verwenden.

Perspektivisch möchte ich meine Qualifikation als APN (Advanced Practitioner Nurse) noch stärker in meine tägliche Arbeit integrieren. Das bedeutet konkret, dass die Begleitung von chronisch Kranken in enger Kooperation mit den Hausärzten durch Übertragung von ärztlichen Tätigkeiten auf mich stattfinden soll.

Durch meine Tätigkeit möchte ich auch das Berufsbild von Advanced Practitioner Nurses (Pflegeexperten APN) in Deutschland zunehmend stärken und dadurch das momentane Handlungsfeld ausweiten. Für den Einzelnen bietet sich hier eine Tätigkeit, die Pflegende und Pflegebedürftige bzw. deren Angehörigen spürbar entlastet. Die Motivation, Menschen zu helfen, geht hier nicht verloren. Für das Pflegesystem – und die Gesellschaft – bietet sich die Möglichkeit, diese neue Rolle zu nutzen, um die Attraktivität des Pflegeberufes durch Perspektiven zu steigern und durch wissenschaftliche Expertise gezielt auf komplexe Krankheitssituationen eingehen zu können.

Mir ist bewusst, dass das Thema „Pflegeberatung" gerade in aller Munde ist. Dennoch finde ich, dass meine Tätigkeit eine gewisse Innovation aufweist. Mein Blick auf die Gesamtheit und die Begleitung in jedem einzelnen Schritt (ohne nur Impulsgabe), gepaart mit der Expertise, auch chronisch Kranke durch den Weg der Erkrankung begleiten zu können, macht meine Tätigkeit als Pflegeexpertin APN aus.

Wie können wir nun gemeinsam die Pflege fit für morgen machen?

Ich sage: „Traut euch!" „TRAUT EUCH etwas zu sagen, denn ihr könnt die Situation mit dem Patienten/Pflegebedürftigen durch eure tägliche Arbeit am besten einschätzen."

Stefanie Hederer, M.Sc.

ging den klassischen Weg der Ausbildung zur Gesundheits- und Krankenpflegerin. Danach entschloss sie sich, ihr Wissen durch Studiengänge im Bereich Gesundheits- und Pflegepädagogik sowie Pflegewissenschaft/Pflegemanagement weiter zu vertiefen. Ihre erworbenen Kenntnisse festigte sie durch Anstellungen in unterschiedlichen Einsatzgebieten der Pflege. Heute, 10 Jahre später, ist sie als Pflegeexpertin ANP im ambulanten Bereich tätig und berät rund um Gesundheit, Krankheit und Pflege.

- Traut euch, eure Tätigkeitsfelder als Pflegefachpersonen und Pflegepersonen klar zu definieren!
- Traut euch, für bessere Arbeitsbedingungen und eine bessere Entlohnung zu kämpfen!
- Traut euch, den Mund aufzumachen, wenn eine gute Arbeit durch fehlende Hilfsmittel etc. nicht mehr gewährleistet werden kann!
- Traut euch, die Liebe für den Pflegeberuf in euch wieder aufleben zu lassen.

Das übergeordnete Ziel sollte das WOHL aller sein. Damit meine ich das Wohl von Klienten/Patienten/Bewohnern sowie das WOHL von EUCH als Pflegepersonal."

Akademisierung als Chance

Die Akademisierung der Pflege wird immer wieder kontrovers diskutiert. Da gibt es die, denen es gar nicht genug akademisierte Pflegekräfte geben kann und diejenigen, die sich fragen, wer denn noch am Bett arbeiten solle, wenn alle studierten. Auf den ersten Blick sind beide Aussagen nachvollziehbar. Wir müssen es aber differenzierter betrachten. Zum einen gibt es den berechtigten Wunsch, dass es mehr Studiengänge in der Pflege gibt bis hin zu einer Voll-Akademisierung. Hierfür werden andere europäische Länder wie auch andere Gesundheitsberufe als Vergleich herangezogen. Man hofft auf eine weitere Professionalisierung der Pflege. Ob dafür eine komplette Akademisierung nötig ist, wagen wir zu bezweifeln. Sicherlich täte der Pflege ein höherer Grad an studierten Pflegekräften gut. Es würde das Selbstbewusstsein in jedem Fall stärken. Die Pflege würde sich von den Ärzten abnabeln, die sie allzu oft nur als Hilfspersonal wahrnehmen und behandeln. Für diese akademisierten Pflegekräfte müssen aber auch Arbeitsplätze geschaffen werden. Hier sind die Träger gefragt, entsprechende Führungspositionen bereitzuhalten, die auch der Ausbildung angemessen bezahlt werden. Akademisierte Pflege hat auch in der Lohnstruktur ihren Preis. Ein Studium muss sich, wie in jedem anderen Beruf, auch lohnen. Bei keinem Bachelor- oder Masterabsolventen in anderen Arbeitsgebieten wird eine höhere Bezahlung infrage gestellt. Pflege ist eine Profession, die durch einen höheren Akademisierungsgrad nur gewinnen kann. Die Angst, dass es dadurch keine Pflegekräfte am Bett mehr gäbe, halten wir für unbegründet. Nicht jeder Handwerker will auch ein Ingenieur sein. Und es muss auch nicht immer den direkten und geraden Weg vom Abitur zur Studium geben. Birgit Scheller-Küster glaubt, dass es Wege gibt für Pflegekräfte, egal welche Motivation sie haben. Sie selbst ist diesen Weg gegangen.

BIRGIT SCHELLER-KÜSTER

„Die Pflege fängt das Denken an“

„Mein Weg ins Studium war ein ungewöhnlicher. Ich möchte mit meinem Werdegang andere inspirieren und aufzeigen, dass man auch bei Krisen nicht resignieren muss. Es gibt immer mehrere Alternativen, um Ziele zu erreichen!

Nach dem Hauptschulabschluss machte ich zunächst eine Lehre zur Hauswirtschafterin. Eine Berufsausbildung war damals die Voraussetzung, um mit dem Hauptschulabschluss eine Ausbildung zur Heilerziehungspflegerin machen zu können. Zusätzlich war ein soziales Jahr notwendig. Dieses habe ich im Anschluss in einem Altenheim absolviert. Und hier die Liebe zu älteren Menschen für mich entdeckt. Deshalb habe ich mich entschlossen, anstatt der Heilerziehungspflege eine Ausbildung zur examinierten Altenpflegerin aufzunehmen. Diese schloss ich dann erfolgreich im Jahre 2004 ab. Danach arbeitete ich einige Jahre im privaten Sektor mit einer Alzheimer-Patientin. Die Parkinson-Erkrankung meines Vaters zwang mich erst zur Reduzierung der Arbeitsstunden und letztendlich wurde ich zur pflegenden Angehörigen. Ich pflegte meinen Vater bis zu seinem Tod. Da ich zwischenzeitlich einen Autounfall hatte und dadurch nicht mehr aktiv in der Pflege arbeiten konnte, überlegte ich, was ich in diesem Bereich tun könnte, denn dort wollte ich weiterhin tätig sein. Aufgrund der teilweise negativen Erfahrungen mangels fehlender oder falscher

Birgit Scheller-Küster

ist im Allgäu geboren und aufgewachsen. Sie lebt dort immer noch mit ihrem Mann. Aktuell studiert sie im letzten Semester an der Hochschule Kempten „Geriatrische Therapie, Rehabilitation und Pflege B.Sc.“ und arbeitet an ihrer Bachelorarbeit zur extramuralen Mobilität im Alter. Birgit Scheller-Küster hat sich als „Quereinsteigerin“ an ihr Studium herangetraut. Sie ist der Überzeugung, dass es viele verschiedene Wege gibt, sein Ziel zu erreichen.

Beratung als pflegende Angehörige entschied ich mich deshalb für eine Weiterbildung zur Pflegeberaterin nach §7a Absatz 3 Satz 3 des SGB XI. Durch meinen sehr guten Abschluss habe ich im wahrsten Sinne des Wortes Blut geleckt und mich für ein Studium entschieden. Nun stellte sich die Frage, welches Studium im sozialen Bereich das richtige ist. Glücklicherweise sollte in Kempten ein neuer Studiengang angeboten werden. Nach der Bewerbungsphase wurde mir ein Studienplatz angeboten, den ich mit Freuden annahm.

Als Quereinsteiger ins Studium

Die Voraussetzungen für ein Studium als Quereinsteiger wurden vor nicht allzu langer Zeit von der Politik geschaffen. Für diesen Studiengang benötigt man zusätzlich einen einschlägigen Berufsabschluss, da hier die ersten beiden Semester zuerkannt werden und man somit im dritten Semester beginnt.

Rückblickend gesehen stand für mich schon recht früh fest, dass ich einen sozialen Beruf ergreifen möchte. In dem bereits erwähnten einjährigen Praktikum habe ich für mich gemerkt, dass mir der Umgang mit Senioren liegt und viel Freude bereitet.

Durch die verschiedenen Erfahrungen, die ich gemacht habe, ist mir die Beratung sehr ans Herz gewachsen. Ich denke, dies ist ein sehr wichtiger Aspekt in der Pflege. Denn hier sehe ich sehr wohl noch Entwicklungspotenzial. Genauso verhält es sich mit der immer wichtiger werdenden Quartiersarbeit, die ich während meines Studiums ebenfalls für mich entdeckt habe.

Mehr Selbstbewusstsein für Pflegende

Die Pflege braucht mehr Selbstbewusstsein und einen besseren Stand bzw. Anerkennung in der Gesellschaft. Meiner Meinung nach kann hierzu die Akademisierung der Pflege beitragen. Sowohl das Selbstbewusstsein als auch das Bild in der Gesellschaft muss zum Positiven verändert werden. Durch die Akademisierung soll der Pflege ermöglicht werden, vorhandene Gegebenheiten zu hinterfragen und dadurch eventuell bestehende Missstände zu beseitigen oder auch das eigene Handeln besser reflektieren zu können. Eine Akademisierung soll nicht zwingend die Pflegenden vom Bett wegholen, sondern ihnen mehr Möglichkeiten durch ein breiteres Wissen geben, um beispielsweise Zusammenhänge besser zu erfassen, und ihnen damit die Arbeit erleichtern.

Durch ein höheres Ausbildungsniveau erhält die Pflege eher Zugang zu wissenschaftlichen Forschungen und den daraus resultierenden Erkenntnissen. Diese können dann gewinnbringend in die Praxis umgesetzt werden. Die Pflege kann sich aufgrund dessen weiterentwickeln, denn was wäre zum Beispiel die heutige Medizin ohne die Erkenntnisse über Infektionskrankheiten oder Antibiotika. Ganz provokant formuliert: „Die Pflege fängt das Denken an." Denn wer kennt nicht den Satz: „Das haben wir schon immer so gemacht." Ohne zu hinterfragen, geht es vielleicht nicht doch anders beziehungsweise besser. Ich will das Alte nicht schlecht machen, sondern einfach zum Denken anregen und somit die Pflege ein Stück vorantreiben. Mir ist auch durchaus bewusst, dass man sich damit nicht immer beliebt macht oder sogar aneckt. Aber wenn mehr Leute denken, fängt vielleicht ein Umdenken an – nicht nur in der Pflege, sondern auch in der Gesellschaft – und es entsteht ein anderes Bild von der Pflege. Denn meines Erachtens hat momentan die Allgemeinheit den Eindruck, dass jeder professionell pflegen kann.

Eine Akademisierung soll nicht zwingend die Pflegenden vom Bett wegholen. Sie soll die Pflege insgesamt stärken, handlungsfähiger und selbstbewusster machen.

Birgit Scheller-Küster

Mein Studiengang (Geriatrische Therapie, Rehabilitation und Pflege) an der Hochschule Kempten ist der bundesweit erste dieser Art, da der Deutsche Wissenschaftsrat einen Bedarf in dieser Richtung erkannt hat. Hilfreich ist auch die bereits erwähnte Öffnung für Quereinsteiger, die ohne Hochschulreife studieren können. Hierdurch wird es vielen Pflegekräften ermöglicht, ein Studium zu ergreifen, was früher noch „undenkbar" gewesen wäre.

Dies ist ein Schritt, um die Pflege fit für morgen zu machen. Dadurch wird auch die Attraktivität gesteigert, die wiederum das Bild in der Öffentlichkeit positiv beeinflussen kann. Denn die Pflege sollte von Politik und Gesellschaft mehr Wertschätzung erfahren, sowohl als Beruf als auch finanziell. Denn damit könnte der Beruf für junge Menschen wieder in den Fokus kommen."

Birgit Scheller-Küster sagt: „Pflege ist stark. Sie ist sich ihrer Stärke nur nicht bewusst, weil die Politik und Gesellschaft es nicht widerspiegelt." Aber auch die Pflege selbst spiegelt es oft nicht wider. Pflege redet schlecht über sich und den eigenen Berufsstand. Diskussionen, ob in den sozialen Netzwerken oder im realen Leben, verfangen sich nicht selten in einer Spirale des Leidens und Jammerns. Man bestätigt sich gegenseitig die vermeintlich ausweglose Situation, in der sich die Pflege und somit man selbst sich befindet. Schlechte Arbeitsbedingungen, schlechter Lohn, zu wenig Freizeit, Pflege im Minutentakt. Kaum jemand durchbricht diese Argumentationskette. Die Frage, wie man selbst Änderungen herbeiführen könnte, bleibt in diesen Diskussionen meist unbeantwortet.

Anders Lenz. Sie hat viele Antworten. Sie gehört zu denjenigen, die ihre Stärke anders ins System Pflege einbringen will. Gemeinsam mit ihrem Mann Friedrich Lenz hat sie in Düsseldorf die mobile Seniorenassistenz „Alter im Mittelpunkt GbR" gegründet. Hier vereint sie alles aus ihrem bunten beruflichen Leben, was ihr wichtig ist. Über allem steht das Montessori-Prinzip „Hilf mir, es selbst zu tun!"

GISELA LENZ

Alter im Mittelpunkt

„Ich habe schon immer gerne selbst nachgedacht und meine eigenen Wege beschritten, auch wenn es viele Stolpersteine in meinem Leben gab und sich mancherlei verzögert hat. Letztendlich habe ich immer das getan, was mir wichtig war und mich nicht darin beirren lassen.

In jungen Jahren studierte ich Betriebswirtschaft mit dem Schwerpunkt Marketing an der Universität Köln. Wichtige Erkenntnisse aus dieser Zeit begleiten mich bis heute.

Ich habe mich selbst immer auch als Kulturfrau gesehen. 15 Jahre war ich Figurenspielerin für Kinder und Erwachsene. Mit fast 47 Jahren begann ich das Studium der Sozial- und Kulturwissenschaften an der Fachhochschule Düsseldorf mit dem Schwerpunkt Alter(n) und Generationenarbeit (Diplom Sozialpädagogik 2009, Diplomarbeit zu einem Großeltern-Paten-Projekt).

Ich engagierte mich als Mitarbeiterin im Sozialen Dienst eines Altenheimes und Leiterin einer Begegnungsstätte für SeniorInnen. Daran schloss sich eine Weiterbildung als Seniorenassistentin (Plöner Modell) an. Seit Januar 2015 bin ich Mitglied in der Bundesvereinigung der Senioren-Assistenten in Deutschland (BdSAD e. V.).

In 2015 gründete ich zusammen mit meinem Mann Friedrich Lenz, der sich als langjähriger Bauunternehmer aufgrund seiner eigenen Gehbehinderung seit Jahren mit dem Thema ‚Abbau von Barrieren' und ‚altersgerechtes Wohnen' befasst, eine mobile Seniorenassistenz in Düsseldorf. Den Namen unserer Firma habe ich sehr bewusst gewählt: Alter im Mittelpunkt GbR. Meine Überzeugung: Alte Menschen dürfen nicht an den Rand der Gesellschaft gedrängt werden. Sie verdienen unsere Achtung und Wertschätzung. Eines ist klar: Wenn ich einmal alt bin, möchte ich weder betreut noch beschäftigt werden. Für mich ist eine Unterstützung und Coaching im Alltag nach dem Montessoriprinzip „Hilf mir, es selbst zu tun" der richtige Weg. Dazu braucht es Freizeit- und Kulturimpulse! Kultur ist Futter für die Seele. Das ist meine Devise.

Berufliche Erfahrungen hatte ich bis dahin im Wesentlichen im kulturellen Sektor gesammelt. In meinen Theaterstücken wurden viele soziale Themen wie Einsamkeit, Altern, Vernachlässigung, Anderssein etc. behandelt. Die sozialen Komponenten gewannen im Laufe der Zeit immer mehr Gewicht für mich, und ich wusste, dass ich meine kulturelle Seite mit einer Arbeit im sozialen Bereich koppeln möchte. Die sozialpolitische Sicht auf das Thema Altern als gesellschaftliche Herausforderung und die damit verbundenen Konsequenzen im Alltagsleben begannen mich im Studium schnell zu faszinieren. Mein Praxissemester absolvierte ich in einem Seniorennetzwerk und in einer Begegnungsstätte für SeniorInnen. Meine weiteren Berufserfahrungen habe ich anschließend ganz gezielt im stationären und im ambulanten Bereich gesammelt. Dann war mir endgültig klar, dass meine berufliche Tätigkeit mich über kurz oder lang

Gisela Lenz

sieht sich selbst als Spätberufene und sozialer Quergeist mit Künstlerseele. Gemeinsam mit ihrem Mann gründete sie eine mobile Seniorenassistenz in Düsseldorf. Den Namen dieser Firma hat sie sehr bewusst gewählt: Alter im Mittelpunkt GbR. Ihre Überzeugung: Alte Menschen dürfen nicht an den Rand der Gesellschaft gedrängt werden. Sie verdienen Achtung und Wertschätzung. Die Alter im Mittelpunkt GbR gibt Unterstützung und Coaching im Alltag nach dem Montessoriprinzip ‚Hilf mir es selbst zu tun', zudem wichtige Freizeit- und Kulturimpulse. Für Gisela Lenz ist Kultur Futter für die Seele.

in die Selbstständigkeit und in den häuslichen Bereich alter unterstützungsbedürftiger Menschen führen würde.

Was mache ich nun genau in der Alter im Mittelpunkt GbR? Ich pflege dann immer zu sagen, das ist so vielfältig wie die Lebensläufe alter Menschen selbst. Grundlage meines Tuns ist zunächst der Erhalt der eigenen Häuslichkeit, solange das möglich ist. Ich kann nur mit der Pflegekasse abrechnen, wenn Menschen zu Hause oder im Servicewohnen leben.

Meine Anliegen sind die Förderung von Souveränität und Selbstbestimmung von alten Menschen, der weitestgehende Erhalt und die Steigerung der Lebensqualität im Alter, die Integration von Menschen mit körperlichen, seelischen und geistigen Einschränkungen. Ebenso die Ermöglichung der Teilhabe am öffentlichen Leben. Der Erhalt und/oder die Neuverknüpfung sozialer Kontakte. Der Abbau von Barrieren in den Köpfen von Menschen und ganz praktisch in der Wohnung und im Wohnumfeld. Dazu wird zukünftig die Ausstattung mit technischen Hilfesystemen im Haushalt eine wachsende Rolle spielen. Vor allem das Thema Demenz ist hier eine große Herausforderung. Auch intergenerative Berührungspunkte im Alltag sind für viele alte Menschen ein Jungbrunnen. Das rege ich immer wieder gerne an.

Die Vernetzung mit anderen beruflichen Akteuren in der Pflege halte ich generell für immens wichtig.

Um es ein wenig anschaulicher zu machen, habe ich willkürlich einige Beispiele herausgegriffen.

Beispiel 1 zum Thema *Alltagsstruktur schaffen*
Die Papierberge einer Klientin (Frau C., 73 J.) werden zu einem Schrank mit wohlgeordneten und ordentlich beschrifteten Aktenordnern. Eine strahlende und beruhigte Seniorin kann nun selbst einzelne Belege abheften. Friedrich Lenz kümmert sich um die Rechnungen und den Schriftwechsel. Alles ist gut. Plötzlich sind die Rechnungen des Pflegedienstes und der Ärzte pünktlich bezahlt. Auch die Kollegen sind glücklich.

Beispiel 2 zum Thema *Kulturteilhabe*
Ein Ausflug mit dem Behindertenfahrdienst bringt zwei Rollstuhlfahrerinnen (65 J. und 69 J.) und eine **Rollatorfahrerin** (84) in lebhaften Kontakt zueinander. Neue Eindrücke auf dem Sommerfest eines Altenheims. Musik, nette Menschen und ein

Glücksrad. Hier wird Geselligkeit erlebt und viel gelacht. Tapetenwechsel für die Seele in einer beschützten Atmosphäre. Eine Eins-zu-Eins-Begleitung (3 Klienten/ 3 qualifizierte BegleiterInnen) ist selbstverständlich. Weitere Ausflüge sind geplant.

Beispiel 3 zum Thema *Entfaltungsmöglichkeiten*
Weg vom Leistungsdenken. Meine Devise: Jeder Mensch ist wervoll aus sich selbst heraus. Die Klientin Frau D. (84 J.), alleinlebend. Sie liebt Musik. Eine sehr herzensgebildete leidenschaftliche Frau und eine Italienerin in einem deutschen Singkreis. Sie hat sich ihre kindliche Begeisterungsfähigkeit bewahrt. Sie erhält eine Bühne und kann sich entfalten. Ihre ansteckende Vitalität ist bemerkenswert. Das Nehmen fällt ihr jedoch schwer. Ich ermutige sie immer wieder, die Liebe und die Zuwendungen ihrer Kinder einfach zuzulassen.

Beispiel 4 zum Thema *Vergangenheitsbewältigung.*
Mit Herrn R. (88 J.) umrunde ich den ganzen Unterbacher See. Er ist körperlich topfit, aber bereits leicht an Demenz erkrankt. Ein ehemaliger Schulleiter, der unglaublich viel aus dem Schützengraben im 2. Weltkrieg und aus seiner Schulvergangenheit zu berichten weiß. Ein leidenschaftlicher Lehrer. Die Ehefrau braucht dringend Entlastung, Ruhe … Ich biete ihm mein Gehör und wir betreiben hinter unserem leichten Geplauder Vergangenheitsbewältigung. Er fühlt sich sichtlich aufgehoben und sicher in meiner Gegenwart. Ich sorge dafür, dass er die Bedienung im Café selbst mit einem Trinkgeld beglücken kann.

Erst die aus Überzeugung gewählte Selbstständigkeit und die Unterstützung meines Mannes geben mir den notwendigen Raum, den ich für meine Arbeit brauche. Endlich habe ich die Hände frei für meine übersprudelnde Fantasie und meinen Ideenreichtum. Ich kann meine Überzeugungen leben und eigene Wege beschreiten. Frei nach dem politischen Credo ‚Ambulant vor Stationär' tue ich alles mir Mögliche, um MitstreiterInnen für meine Philosophie zu finden. Meine Lebenserfahrung, mein gesammeltes Praxiswissen aus dem kulturellen und sozialen Bereich stelle ich in den Dienst unserer mobilen Seniorenassistenz.

Eine individuelle Stärkung alter Menschen und Entlastung aller Beteiligten ist mir enorm wichtig!

Wir befähigen alte Menschen dazu, noch aktiv am Leben teilzuhaben. Wir bringen sie körperlich, geistig und seelisch in Bewegung. Egal ob in der Wohnung, im Grünen, in Museen, auf Messen, in Begegnungsstätten, in Theatern, bei einem Chorauftritt, im Singkreis … Der Möglichkeiten gibt es viele! Das Thema Barrierefreiheit ist halt immer wieder eine kreative Herausforderung. Wir machen trotzdem vieles machbar.

Jeder Mensch hat seine ihm eigene Kultur. Wir suchen nach Schlüsseln, um verschlossene Türen zu öffnen. Jedes noch so kleine Lächeln, was wir erzeugen können, ist ein gesundheitlicher Gewinn.

Gisela Lenz

Meine MitarbeiterInnen und ich motivieren, wir kümmern uns um sinnvolle und die Sinne anregende Angebote für unsere Klienten. Scherzhaft formuliert: Die Synapsen sollen schnapsen! Je nach den Vorlieben und Möglichkeiten holen wir auch Kultur ins Haus. Es gibt wunderbare virtuelle Stadtrundgänge, tolle Apps, die eine sinnvolle Unterhaltung zu bestimmten Lieblingsthemen erleichtern. Zeitschriften wie die „Retro" oder die „Nostalgie" sind wahre Plauderfundgruben, mit deren Hilfe wir zusammen mit SeniorInnen in ihren Erinnerungen schwelgen können. Auch Memorys mit alten Schauspielern oder Schlagersängern und Puzzles mit Länderkarten können interessante Gesprächsanlässe sein und gleichzeitig die Feinmotorik fördern. Die Ergotherapeutin freut's. Warum nicht auch mal ein Bildband über die Rolling Stones oder die Beatles? Die wunderbaren 50er-Jahre, Wirtschaftswunderjahre. Bildbände über das Düsseldorf der 60er-Jahre, über Oldtimer oder Modellbau. All das kann ein Riesenspaß sein! Der Fantasie sind hier keine Grenzen gesetzt. Experimentierfreude! Mit ein wenig Gespür und Hinschauen merkt man schnell, wo ein Herz Feuer fängt. Der Schlüssel zu der Welt dementer Menschen ist oft die Musik. Wir richten uns im Wesentlichen nach den Grundsätzen der integrativen Validation (Nicole Richard) und bauen Brücken. Wie holen Menschen bei ihren Gefühlen und lebenslang gehegten Antrieben und Lieblingsthemen ab, wo sie gerade stehen.

Ebenso entlasten wir alte Menschen und Angehörige von ihren Alltagsproblemen. Wir lassen uns auf sie ein, nehmen ihnen ein Stück weit ihre Ängste und Sorgen und geben ihnen durch unsere Begleitung und möglichst realitätsbezogenen Maßnahmen ein Gefühl von Sicherheit und Struktur zurück. Wir setzen uns für ihre Ansprüche bei Behörden und Pflegekassen ein. Und manchmal stehen wir ihnen einfach nur bei und halten ihre Hand, um sie zu trösten. Denn wir schauen immer individuell auf die Bedürfnisse unserer Klienten und versuchen, sie weitestgehend zu erfüllen.

Die Zahl alter Menschen steigt beständig. Auch der Anteil allein lebender SeniorInnen wächst. Wir tragen mit dazu bei, den Bereich Pflege zu entlasten! Und wir ergänzen die Arbeit anderer Akteure im Pflegebereich.

Entlastung und kreative Ergänzung der Pflege: Wir schonen Pflegeressourcen

Wir stehen unseren Klienten als konstante Vertrauenspersonen unterstützend zur Seite. Dadurch, dass wir ihre Vitalität und ihre positive Lebenseinstellung weitestgehend erhalten und fördern, können alte Menschen in Bezug auf pflegerische Maßnahmen, die an ihnen vollzogen werden müssen, stärker aktiv mithelfen und so das Pflegepersonal bzw. ihre Angehörigen entlasten. Unsere kreativen oder auch unterstützenden Maßnahmen schaffen mehr seelische Gelassenheit und ein Gefühl von Geborgenheit im Alltag. Trotz der sie belastendenden körperlichen Beeinträchtigungen können alte Menschen das Gefühl von Autonomie und Lebenssinn erleben. Das stärkt ihr Selbstvertrauen. Dadurch können weitergehende pflegerische Interventionen durchaus hinausgezögert werden. Damit stehen mehr pflegerische Kapazitäten für Menschen zur Verfügung, die dringend Intensivpflege benötigen.

Mein innovativer Ansatz: Prävention und Aktivierung im Team

Wir stehen für eine Begleitung auf Augenhöhe und gehen individuell und lebenslauforientiert auf unsere Klienten ein. In Anlehnung an Maria Montessori – „Hilf mir, es selbst zu tun" – geben wir Impulse und Anregungen. Wir orientieren uns an noch vorhandenen Ressourcen und Kompetenzen und ermutigen alte Menschen, mit unserer Unterstützung verschüttete Wünsche und Vorlieben wieder wahrzunehmen. Angehörige können endlich entspannt eigenen Hobbys nachgehen, die ihrer seelischen Gesundheit dienen oder … oder … Sie wissen ihre Lieben in sicheren und kompetenten Händen.

Rückzugstendenzen lassen nach. Wir nehmen unsere Klienten immer in ihren Bedürfnissen ernst und möchten ihnen das Gefühl vermitteln, so lange wie möglich und weitestgehend selbst Entscheider ihrer ganz persönlichen Belange zu sein.

Dabei verfolgen wir mit unserer Form der aktivierenden Begleitung einen präventiven Ansatz! Je frühzeitiger ein nahender Hilfebedarf erkannt wird, umso besser. Wir arbeiten fortlaufend an einem individuellen Hilfenetzwerk, das aus Angehörigen, Nachbarn, ehrenamtlichen UnterstützerInnen, einem Pflegedienst, einem Physiotherapeuten, einem Hausarzt, einem Pflegeberater der Pflegekasse oder anderen UnterstützerInnen bestehen kann. Wir sehen uns als Seniorenassistenz auch als Mittler und Brückenbauer im Dienste unserer Klienten. Wir arbeiten z. B. mit Ärzten, städtischen Behörden (Pflegebüro, Demenzservicezentrum, Amt für Wohnungswesen: Barrierefreies Wohnen im Alter etc.), Wohlfahrtsverbänden (z. B. Begegnungsstätten für Senioren), Kirchen, kulturellen Institutionen und Kulturschaffenden (Theatern, Museen, Brauchtumsvereinen etc.) sowie Sozialverbänden zusammen.

Das Leben besteht nicht nur aus gewaschenen Füßen, einem vollen Bauch, einer sauberen Wohnung und einem geregelten Tagesablauf. Wir behalten das selbstverständlich mit im Blick. Es geht vielmehr um Lebensqualität. Deswegen halte ich neben der Alltagsbegleitung sehr viel von kulturellen Impulsen und einem humorvollen Umgang miteinander. Jeder Mensch hat seine ihm eigene Kultur. Oft betreiben wir „archäologische Forschungen", um verschüttete Lieblingsthemen wiederzufinden. Wir suchen nach Schlüsseln, um Türen zu öffnen. Jedes noch so kleine Lächeln, was wir erzeugen können, ist ein gesundheitlicher Gewinn.

Das Leben findet aber immer mehr in der eigenen Wohnung statt

Die eigene Wohnung birgt viele Erinnerungen und Gewohnheiten und kann Geborgenheit und Konstanz geben. Auch die regelmäßigen Alltagsaktivitäten finden im engsten Wohnumfeld statt. Eine Wohnraumanpassung kann also eine echte Alternative sein, weil damit das soziale Netzwerk erhalten werden kann.

Manchmal müssen aber auch andere kreative Wege beschritten werden. Eine rechtzeitig durchgeführte Analyse der Lebens- und Wohnsituation kann hilfreich sein und neue Möglichkeiten aufzeigen! Insgesamt versuchen wir hier mit beratenden Maßnahmen und in Kooperation mit anderen Fachleuten die Selbstständigkeit unserer Klienten zu erhalten, so lange es geht. Denn: „Ein Zuhause ist viel mehr als der Ort, an dem man lebt!"

Die Zukunft der Pflege

Ich möchte als selbstständig tätige Sozialpädagogin und Seniorenassistentin zunächst eine Lanze für den Bereich der mobilen Seniorenassistenz/Alltagsbegleitung brechen. Diese ist ein wesentlicher Baustein innerhalb des Unterstützungssystems für ältere und alte Menschen. Es wird höchste Zeit, dass auch die qualifizierte „Betreuung" gesellschaftlich die Wertschätzung erhält, die ihr längst zusteht. Es gibt gut ausgebildete Betreuungsfachkräfte, die mit ihrem Fachwissen und ihren Kompetenzen im Pflegebereich arbeiten. Ehrenamtliche Unterstützung und gute Nachbarschaft können lediglich der Vervollständigung eines Hilfenetzwerkes dienen und dürfen nicht überstrapaziert werden.

Vor allem das komplexe Thema Demenz gehört in fachlich gut ausgebildete Hände und braucht zukünftig bessere Rahmenbedingungen. Im mobilen Pflegebereich trifft man auf eine sehr heterogene Gruppe von hilfeberechtigten alten Menschen, deren individuelle und höchst unterschiedliche Bedürfnisse von der Gesellschaft adäquat beantwortet werden wollen.

So benötigen z. B. Menschen mit Demenz andere Zugangsformen als SeniorInnen mit Parkinson, Schlaganfall oder weiteren Erkrankungen. Für alle besteht ein wachsender Bedarf an vielfältigen, praktischen und kreativen Angebotsmaterialien.

Ein Umdenken in der Politik ist dringend nötig! Das in Deutschland herrschende klassische Wohlfahrtssystem bürdet der Familie nach wie vor die Hauptlast der Pflege und Betreuung von Angehörigen auf. In einer stark alternden Gesellschaft, in der Familienstrukturen sich sehr verändert haben, wird diese Rechnung zukünftig nicht mehr aufgehen. Ohne eine grundsätzliche Änderung in der Denkweise in Pflegepolitik und ihrer Finanzierung wird sich die Negativspirale bezüglich Qualität und Erreichbarkeit guter Pflege und sozialer Betreuung weiter fortsetzen.

Wir gehen gerade durch harte Zeiten in der Pflege, die so nicht länger tragbar und verantwortbar sind. Ich bin der festen Überzeugung, dass wir alle in Politik und Gesellschaft die gegenwärtig sich bedrohlich zuspitzende Lage mutig

DER IDEALE TAG IN DER PFLEGE
SUPER TEAM
EIGENES AUTO
BLUETOOTH
NAVI
DIENSTHANDY
24/7
ERREICHBAR WENN'S PROBLEME GIBT
DER KUNDE FREUT SICH
DATEN UPLOAD
Problemlos!

und entschlossen als Ausgangspunkt zur Veränderung begreifen müssen, wenn wir das Boot in eine positive Richtung lenken wollen. Darum ist mir dieses Zitat des persischen Dichters Rumi (1207 – 1273) sehr wichtig: „Wenn du durch eine harte Zeit gehst und alles gegen dich zu sein scheint, wenn du das Gefühl hast, es nicht mehr eine Minute länger zu ertragen, GIB NICHT AUF, weil dies die Zeit und der Ort ist, wo sich die Richtung ändert."

Gisela Lenz sprüht vor Ideen und Lust, diese umzusetzen. Sie sieht sich als Mittlerin und Brückenbauerin. Auch bei Hilfe- und Pflegebedürftigkeit hat sie den ganzen Menschen im Blick. Kulturelle Impulse dürfen darum auf keinen Fall fehlen. Damit wird einmal mehr deutlich, dass alle gebraucht werden, die pflegerische und soziale Versorgung unterstützen. Diese Versorgung kann an so vielen Orten und so unterschiedlich sein, dass es eine Freude ist, hier zu erleben, welche Wege Pflegekräfte selbst gehen. Es gibt aber so viele flankierende Bereiche im Umfeld der Pflege, die abgedeckt werden sollten. Seniorenassistenz und Betreuungsfachkräfte runden den Bedarf sehr gut ab. In Deutschland fehlen Tausende Pflegekräfte und die Lage wird sich noch weiter zuspitzen. Wir sollten dankbar sein für alle, die sich hier mit Ideenreichtum und Engagement einbringen.

Ein weiteres gutes Beispiel ist Sabrina Loyal. Sie hat eine mobile Senioren- und Alltagshilfe gegründet. Sabrina Loyal ist Ergotherapeutin und arbeitete in Berlin als leitende Ergotherapeutin in einer Pflegeeinrichtung. Danach wechselte sie nach Thüringen in eine Tagespflege. Vor Kurzem hat sie gekündigt und sich selbstständig gemacht. Ihr Konzept setzt da an, wo herkömmliche Pflege- und Hauswirtschaftsdienste aufhören. Pflegende Angehörige erfahren von ihr Unterstützung und Entlastung. Sabrina Loyal macht Angebote, die im Portfolio der Pflegedienste gar nicht vorgesehen sind. Darum sieht sie sich auch nicht als Konkurrenz zur ambulanten Pflege. Ihr geht es um Vertrauen und um Zeit. Sie unterstützt in Haus und Garten, bei Arztbesuchen, betreut bettlägerige Menschen. Als Ergotherapeutin geht es ihr um die Aktivierung des Körpers sowie den Erhalt von geistigen und sozialen Kompetenzen.

SABRINA LOYAL

Wenn ich im System zugrunde gehe, muss ich die Reißleine ziehen

„Rückblick: Vor Kurzem habe ich meine Festanstellung gekündigt. Ich habe das Ganze nicht mehr ausgehalten. Ich liebte meine Arbeit in der Tagespflege. Ich habe einen ganz besonderen Draht zu alten Menschen. Die demenziell veränderten Menschen hängen quasi an meinem Rockzipfel. Aber wenn ich im System zugrunde gehe, muss ich die Reißleine ziehen und aus dem fahrenden Zug springen. Bisher fühlt sich das gut an. Auch wenn ich meine Arbeit echt vermisse. Doch nun will ich als Senioren- und Alltagshilfe eigenverantwortlich arbeiten. Den alten Menschen in ihrem Zuhause das geben, was sie brauchen.

Ohne Zeitdruck. Ehrenamtlich bin ich schon unterwegs. Aber davon bekomme ich meine Kinder nicht satt. Leider legt mir der Staat Steine in den Weg. So will das Arbeitsamt mich unbedingt vermitteln. Verständlich, ich bin eine gesuchte Fachkraft, aber ich fühle mich von diesem System ausgebeutet. Egal, zu welchem Vorstellungsgespräch ich gehe, es ist überall das Gleiche. Z. B. in einer Wohngemeinschaft, in der die Menschen als mündige Mieter dargestellt werden und dennoch alles für sie entschieden wird, da das Haus eigentlich wie ein Pflegeheim agiert, aber man mit dem Konzept der Wohngemeinschaft die Heimbestimmungen umgehen kann. Dort sollte ich als Betreuung Nachtschichten mit 24 Bewohnern alleine schieben, mit Medikamentenvergabe. Entschuldigung. Aber da läuft ordentlich was schief. Ich bin Ergotherapeutin, keine Pflegefachkraft.

Sabrina Loyal:

Geboren in Mühlhausen, hatte Sabrina Loyal einen kurvenreichen Weg hinter sich, bevor sie die Ausbildung zur Ergotherapeutin beendete und damit einen Weg einschlug, den sie als ihre Bestimmung bezeichnet. Sie will Menschen auf ihren individuellen Wegen zur Selbstständigkeit unterstützen, Selbstbestimmung erhalten und vor allem für sie da sein, wenn sie auf ihrem letzten Weg sind. Sie hat das Kinderbuch „Engelchens Besuch" veröffentlicht. Dieses Buch beschäftigt sich mit dem frühen Sterben von Kindern und jungen Menschen.

Lücken füllen - nein danke!

Ich werde als willkommene Lückenfüllerin auf einem leergefegten Pflegemarkt wahrgenommen.

Als Ergotherapeutin pflege ich aber nicht, sondern befähige Menschen, ihren Alltag weiterleben zu können. Natürlich gibt es Bereiche in der Aktivierung, die in die Pflege hineinreichen. Aber als Ergotherapeutin agiere ich immer unter dem Aspekt der Begleitung und Unterstützung, nicht als vollwertiger Pflegeakt. Ich arbeite ressourcenorientiert. Begleite das selbstständige und selbstbestimmte Handeln, solange es nur geht. Aber auch hier ist wieder ein Fehler im System: Vielen alten Menschen wird zu viel abgenommen und dadurch werden sie unselbstständiger, als sie es sein müssten.

Ich will mit meinen Dienstleistungen den alten Menschen dazu verhelfen, solange wie möglich in ihrem Zuhause bleiben zu können. Auch wenn es nur ein paar Stunden die Woche sind, aber sie machen es möglich, nicht komplett zu vereinsamen. Das schafft Lebensmut und -qualität. Viele alte Menschen sind komplett überfordert mit Gesetzesbestimmungen. Sie wissen nicht, was ihnen zusteht. Hier bedarf es der Aufklärung. Ich will beratend und unterstützend zur Seite stehen. Es liegt nahe, dass ich per Verhinderungspflege weniger abrechnen kann, wenn jemand keinen Pflegegrad und somit keine Leistungen aus der Pflegeversicherung erhält, die ihm evtl. zustünden. Dann muss derjenige aus eigener Tasche zahlen. Für Entlastungen darf ich in Thüringen nicht abrechnen. Nur in sechs Bundesländern dürfen Senioren-Assistenten dies tun. Ich würde mich daher über eine einheitliche Regelung freuen.

Pflege soll pflegen und nicht putzen

Auch ist es in meinen Augen Unsinn, dass man einen Pflegedienst zum Putzen bestellen muss, wenn jemand lediglich eine Haushalthilfe braucht. Nur so werden die Dienstleistungen oft von der Kasse erstattet. Pflegefachkräfte haben ihre Ausbildung doch nicht gemacht, um anschließend putzen zu gehen. Zumal die Pflegedienste sowieso überlastet sind. Warum sieht man Pflegedienste und Betreuungsdienste nicht als Ergänzung? Für Pflegebedürftige und ihre Angehörigen fehlen allgemein Entlastungsangebote. Ihnen steht ein monatlicher Entlastungsbetrag von 125 Euro zu, aber sie können diese Leistungen nicht nutzen, da niemand da ist, der sie entlastet. Obwohl ich also haushaltsnahe Dienstleistungen anbiete, darf ich nicht von diesem Betrag bezahlt werden.

Ich mache keine professionelle Pflege. Ich bin als Senioren- und Alltagshilfe eine wunderbare Ergänzung zu den Pflegediensten. Daher finde ich es schade, dass ich bereits Erfahrungen damit machen musste, dass einige Pflegedienste mich als Konkurrenz sehen.

„Wir brauchen ein Netzwerk an Pflege und Betreuung – ein System, in dem sich die Dienstleister gegenseitig ergänzen."

Sabrina Loyal

Wir brauchen ein Netzwerk an Pflege *und* Betreuung

Einmal rief mich eine Kundin an: Der Pflegedienst habe sie zum Arzt gefahren, aber könne sie nicht wieder nach Hause bringen. Also holte ich die Dame ab und wir erledigten gleich noch ein paar ihr wichtige Dinge. Sie war zufrieden und glücklich. Die Mitarbeiterinnen des Pflegedienstes meinten, dass sie in punkto Betreuung ihrer Patienten gar nicht leisten können, was ich anbiete.

Denn ich habe Zeit für den Einzelnen. Unter einer Stunde Assistenz fange ich gar nicht erst an. Ich bin transparent in den Preisen, denn ich nehme immer den gleichen Stundensatz, egal, was ich mache. Es ist meine Zeit, die ich dem hilfsbedürftigen Menschen zur Verfügung stehe. Für mich macht es keinen Unterschied, ob wir einkaufen, wir körperliche oder geistige Aktivitäten trainieren, ich putze oder wir einfach nur reden.

Ich würde mir wünschen, dass wir ein System aufbauen, in dem sich die einzelnen Dienstleister ergänzen. Pflege macht Pflege und Betreuung macht Betreuung. Wir müssen vom Konkurrenzdenken wegkommen. Wir arbeiten im Grunde alle für das Gleiche: Wir wollen, dass es den uns anvertrauten Menschen gut geht und sie zufrieden leben können. Also sollten wir in einer friedlichen Koexistenz arbeiten."

Wir brauchen jede Hand in der Pflege. Diese Hände müssen jedoch nicht nur am Bett pflegen und arbeiten. Der Großteil der deutschen Bevölkerung wünscht sich eine Versorgung in den eigenen vier Wänden, also zu Hause. Dafür brauchen wir Strukturen. Ambulante Pflegedienste alleine reichen nicht aus, um einen Verbleib in der eigenen Wohnung sicherzustellen. Oft hängt ein Umzug in ein Pflegeheim gar nicht an der unzureichenden pflegerischen Versorgung. Das Problem liegt eher im sozialen Bereich. Menschen, die nicht mehr mobil sind, vereinsamen regelrecht. Es fehlt zudem an haushaltsnahen Dienstleistungen. Pflege ist wunderbar durch den ambulanten Dienst abgedeckt, aber wer putzt, wäscht, kauft ein? Wer begleitet einen Spaziergang, hat Zeit vorzulesen oder geht mal mit ins Theater? Hier stehen Stefanie Hederer, Gisela Lenz und Sabrina Loyal beratend und unterstützend bereit. Sie sehen sich keinesfalls als Konkurrenz zur Pflege. Sie sind eine Ergänzung, die von ihren Kundinnen und Kunden als überaus hilfreich empfunden wird. Wir sind der festen Überzeugung, dass solche Angebote in einer älter werdenden Gesellschaft und in einer Zeit, wo der Pflegenotstand sich rasant weiter zuspitzt, einen immer höheren Anteil in der Versorgungslandschaft einnehmen werden. Auch zugunsten der Gelder, die für Pflege zur Verfügung stehen. Zukünftig muss der Fokus ganz klar mehr auf Prävention und Pflegevermeidung gerichtet werden. Auch hier muss in Deutschland ein Umdenken stattfinden, denn leider finanzieren wir in unserem System Krankheit anstatt Gesundheit und Pflege anstatt Pflegevermeidung. Die beste Pflege ist die, die gar nicht erst stattfinden muss.

KAPITEL 6

Pflege fit machen für die Zukunft

DIE AUSZUBILDENDEN

Wenn es um die Zukunft der Pflege geht, spielt eine bestimmte Gruppe von Akteurinnen und Akteuren eine zentrale Rolle: die Auszubildenden. Sie haben sich jetzt – unter den aktuellen Rahmenbedingungen – für den Pflegeberuf entschieden. Sie wissen, dass es den Pflegenotstand gibt, dass sie dringend gebraucht werden. Gleichzeitig hören sie aber auch von den unhaltbaren Zuständen in der Pflege, erleben sie vor Ort und berichten teilweise selbst davon, wie sie verheizt werden. In unserer Online-Umfrage „Was beschäftigt Pflegekräfte?" von 2016 haben sie uns beschrieben, was sie stolz auf den Pflegeberuf macht. „Jeden Tag nach der Arbeit zu wissen, dass ich Menschen in außergewöhnlichen Lebenssituationen ein wenig helfen konnte", lautete eine Antwort, die viele Aspekte zusammenfasst. Alten oder kranken Menschen zu helfen, dass es ihnen ein wenig besser geht, ihr Lächeln zu sehen, ihre Dankbarkeit zu spüren. Einen Beitrag zu leisten zum Wohlbefinden eines Menschen, ihm Kraft zu geben oder etwas mehr Lebensqualität. Die Entscheidung für einen sozialen Beruf kann glücklich machen.

Gleichzeitig scheitern sie genau an diesen Ansprüchen: „Es ist schlimm zu wissen, welche Möglichkeiten man in der Pflege und Betreuung hätte, was man alles gelernt hat und umsetzen sollte – es aber aufgrund von Zeitdruck nicht tun kann." Während Auszubildende lernen, wie gute Pflege geht, erleben sie oft gleichzeitig, dass sie in der Praxis nicht möglich ist. Viele treffen auf Kolleginnen und Kollegen, die sich resigniert mit den Zuständen abgefunden haben und nicht offen sind für Ideen oder Verbesserungsvorschläge.

Als wir vom Team Scharfenberg im Jahr 2017 unser jährliches „Aktivcamp Pflege" gestartet haben, waren viele Auszubildende dabei. Es war spannend zu erleben, wie sich in Gesprächsrunden gerade durch die Mischung an Beteiligten die besten Diskussionen ergaben. Der frische, oft idealistische Blick der Auszubildenden brachte Schwung in die Debatte und einen neuen Enthusiasmus, Veränderungen anzugehen. Es ergaben sich Netzwerke der Unterstützung zwischen denjenigen, die schon langjährige Erfahrung besaßen, und Azubis, die neue Ideen für Projekte hatten.

Eine Pflegeschülerin, die wir dort kennenlernen durften, ist Leonie Emmerich. Sie hat sich nach dem Abitur aus Überzeugung für den Pflegeberuf entschieden. Und kam zum Aktivcamp mit einer konkreten Projektidee: „Pflege macht Schule." Was dahintersteckt und wie es dazu kam, berichtet sie uns selbst.

LEONIE EMMERICH

Pflegeausbildung oder lieber was „Cooles" machen?

„Nach meinem Abitur 2014 wusste ich zunächst nicht, wie ich meine nächsten Jahrzehnte verbringen wollte. Ich wusste, dass mir die Arbeit mit Menschen Spaß macht, da ich Menschen unglaublich faszinierend fand. Aus humanwissenschaftlichen Blickwinkeln und vor allem auch aus biomedizinischer Sicht. Also war mir schnell klar, dass ich einen Beruf im Gesundheitswesen wählen würde. Doch welchen?

An diesem Punkt fängt die Geschichte von „Pflege macht Schule" an. Denn – wie viele Menschen in Deutschland – hatte ich Vorurteile gegenüber den Pflegeberufen. Ich dachte, der Job sei kognitiv nicht fordernd, dafür körperlich. Ich dachte, dass es außer der Ausbildung keine Möglichkeiten gibt, sich fort- und weiterzubilden. Ich wollte mir nicht von Ärztinnen und Ärzten den ganzen Tag etwas sagen lassen, sondern selbstständig Entscheidungen treffen können. Und wie die meisten Menschen, die an den Job denken, habe ich mich vor meinem geistigen Auge den ganzen Tag putzen, waschen und mit Ausscheidungen hantieren sehen. Diese Vorurteile haben fast dazu geführt, dass ich den Beruf für mich ausgeschlossen habe. Ich wollte dann lieber etwas „Cooles" machen, z. B. Sportphysiotherapeutin werden oder zum Rettungsdienst gehen. Am Ende habe ich mich dennoch für ein Praktikum in der Pflege entschieden. Ich hatte Zeit und wollte wissen, ob meine Vorurteile stimmen.

Pflege ist das Bindeglied im Gesundheitswesen

Nach einem dreimonatigen, lehrreichen Praktikum auf einer tollen Station habe ich mich für die Ausbildung

Leonie Emmerich

Leonie Emmerich entschied sich nach ihrem Abitur für eine Ausbildung zur Gesundheits- und Krankenpflegerin, die sie 2018 abgeschlossen hat. Beim Bundeswettbewerb „Bester Schüler in der Alten- und Krankenpflege" belegte sie 2017 den vierten Platz. Als Auszubildende konnte sie lange Zeit die Entwicklungen auf Station beobachten. Und sie hat sich gefragt, wie sie einen Teil dazu beitragen kann, damit sich endlich etwas ändert. Es störte sie, dass viele Menschen ein falsches Bild vom Pflegeberuf haben. Und sie wollte das ändern. Aus diesem Antrieb heraus entstand „Pflege macht Schule". Seitdem setzt sie sich mit Freiwilligen für ein realistischeres Bild der Pflegeberufe ein. Sie hofft so zu einem gesellschaftlichen Klima beizutragen, das einen nachhaltigen Wandel zugunsten einer anerkannten und gut ausgestatteten Pflege bewirken kann.

zur Gesundheits- und Krankenpflegerin entschieden. Aus folgenden Gründen: Die Pflegekräfte auf der Station haben die zentrale Rolle bei der Genesung der Patientinnen und Patienten gespielt. Sie waren 24/7 für sie da, hatten einen professionellen Blick für kleinste Veränderungen und das nötige Fachwissen, um sie einzuschätzen. Während der täglichen Visite brauchten die Ärztinnen und Ärzte eben dieses Wissen, um die weitere Therapie zu planen. Darüber hinaus haben die Pflegekräfte entlastende Gespräche geführt, Selbstständigkeit gefördert, Therapien durchgeführt. Am Ende haben sie sogar die Entlassung geplant. Kurz: Sie waren das Bindeglied im Gesundheitswesen, egal wo es für die Patientinnen und Patienten als Nächstes hinging. Ambulant, stationär und in der Reha.

Das Thema „Bild der Pflegeberufe" hat mich seit meiner Entscheidung für die Ausbildung und der Bewusstwerdung meiner eigenen Vorurteile beschäftigt. Ich war frustriert über das Bild der Gesellschaft und die weitreichenden Konsequenzen, die es z. B. in Form des Pflegenotstandes hatte.

Was heißt es, beruflich zu pflegen?

Ich begann auf zwei Arten aktiv zu werden. Zum einen erzählte ich jeder Person, die vorurteilsbehaftet mit mir über die Pflege sprach, was es wirklich heißt, beruflich zu pflegen. Zum anderen befasste ich mich politisch mit dem Thema. Während Ersteres jedoch schnell Früchte trug, war Letzteres eher frustrierend. Das lag einerseits daran, dass für die Gesundheitspolitiker, die ich in der Zeit kennenlernte, die Situation der Pflegenden eine untergeordnete Rolle zu spielen schien. Andererseits war es die Abhängigkeit von der Reaktion und vom Handeln dieser Politiker, die mich frustrierte. Lieber wollte ich selbst aktiv werden für ein realistisches Bild der Pflegeberufe. Aus diesem Wunsch heraus ist die Initiative „Pflege macht Schule" entstanden.

> „Bei der Arbeit von ‚Pflege macht Schule' geht es nicht darum, die Missstände schönzureden, sondern darum, auch die Gründe aufzuzeigen, warum so viele Menschen den Beruf ergriffen haben und nun für ihn kämpfen."
>
> *Leonie Emmerich*

Leonie:

PFLEGE MACHT SCHULE

TIPP: INSTAGRAM & HASHTAGS

& twitter

→ AUFMERKSAMKEIT

Die Initiative „Pflege macht Schule!" – der Name ist Programm

Schwerpunkt der Initiative ist Öffentlichkeitsarbeit für die Pflege mit dem Ziel, ein realistischeres Bild der Pflegeberufe in der Gesellschaft zu festigen. Der Name soll zweierlei bedeuten:

Mit der Initiative kommt die Pflege tatsächlich an die Schulen.

Junge, engagierte Pflegekräfte gestalten im Rahmen der Berufsorientierung Unterricht zum Thema „Was heißt beruflich pflegen wirklich?"
Im Rahmen einer Unterrichtsstunde

» reflektieren wir mit den Schülerinnen und Schülern ihr Bild von Pflege
» berichten wir aus dem Arbeitsalltag von Pflegefachpersonen,
» informieren wir über die Rahmenbedingungen der Ausbildung,
» stellen wir ausgewählte, typische Tätigkeiten vor (Blutdruck messen, Unterstützung von Menschen mit Bewegungseinschränkungen).

Pflege soll gesellschaftlich Schule machen

Es soll „cool" und ein Ziel von Schülerinnen und Schülern sein, Pflegekraft zu werden. Nordamerika und einige nordeuropäische Länder sind dafür Vorbilder.

Um dies zu erreichen, ist „Pflege macht Schule" auch in den sozialen Medien vertreten. Dort werden unter anderem Kurzvideos von Pflegekräften gezeigt, die verdeutlichen, warum der Pflegesektor ein Bereich mit Perspektive ist.

Bei der Arbeit von „Pflege macht Schule" geht es nicht darum, die Missstände schönzureden, sondern darum, auch die Gründe aufzuzeigen, warum so viele Menschen den Beruf ergriffen haben und nun für ihn kämpfen.

Theoretischer Hintergrund meiner Initiative ist der systemische Ansatz, der in meiner Ausbildung immer wieder aufgetaucht ist. Er wird genutzt, um pflegerelevante und gesellschaftliche Probleme zu erfassen und anschließend Lösungen für sie zu finden. Dabei beschreibt er, dass ein gesellschaftliches Problem auf den Ebenen der Person, der Interaktion, der Institution und der Gesellschaft entsteht.

Wir brauchen umfassende Lösungen

Dementsprechend sind Lösungsansätze auf jeder dieser Ebenen wichtig für eine umfassende Lösung. Ich habe für mich durch „Pflege macht Schule" Lösungen auf mehreren Ebenen finden können. Auf der Ebene der Person hat es mir geholfen, mich aus der gefühlten Abhängigkeit von der Politik zu befreien. Ich habe eine Möglichkeit gefunden, mich auf eine Art und Weise zu engagieren, bei der ich schnell Erfolge sehen kann. Auf der Ebene der Interaktion motiviert es mich immer wieder, mich mit anderen Freiwilligen darüber auszutauschen, was wir der Gesellschaft von unserem Beruf erzählen möchten.

Und zu guter Letzt konnte ich nach dem Austausch mit Fremden bereits Erfolge beobachten. Dies wird vor allem deutlich, wenn ich jemanden nach einiger Zeit wieder getroffen habe. Gespräche, die zuvor durch Skepsis gegenüber dem Beruf geprägt waren, wurden zu Gesprächen voll interessierter Fragen. Einige von diesen Menschen werden dennoch nie den Pflegeberuf ergreifen. Nicht, weil sie ihn für schlecht halten, sondern weil sie einfach lieber mit PCs, im Handwerk oder im Büro arbeiten. Sie scheinen den Beruf jedoch anzuerkennen und unsere gesellschaftliche Relevanz zu verstehen. Ich wünsche mir, mit der Initiative so auf der gesellschaftlichen Ebene zu einem aufgeklärten Klima beizutragen, das einen Wandel auf der Ebene der Institutionen unterstützt."

Leonie Emmerich hat ein Problem erkannt und benannt, dass viele Pflegende belastet: die mangelnde Wertschätzung des Pflegeberufs. Das Gefühl, dass diese verantwortungsvolle Tätigkeit nur unzureichend anerkannt wird. Welche Rolle dieser Aspekt bei der Berufswahl spielt, sollte nicht unterschätzt werden. Umso lohnenswerter ist es, sich dafür einzusetzen, dies zu ändern. Und dafür gibt es viele Wege, wie ihr Beispiel zeigt. Bereits im Alltag ist es möglich, in Gesprächen Überzeugungsarbeit zu leisten. Sich gemeinsam zu organisieren, Mitstreiterinnen und Mitstreiter zu finden, die Bühne zu suchen – das ist der nächste Schritt, den Leonie Emmerich gemeistert hat. Sie besucht Veranstaltungen, stellt sich ans Mikrofon, nimmt an Podiumsdiskussionen teil, um ihr Anliegen in die Öffentlichkeit zu tragen. Dabei geht es nicht ums Schönreden des Berufs. Es geht darum, Vorurteile aufzudecken und zu widerlegen. Zu zeigen, welches Potenzial und welchen Anspruch dieser Beruf hat, ist auch ein Schritt dazu, Veränderungen herbeizuführen. Denn: Pflege kann ein attraktiver Beruf sein, wenn er unter den entsprechenden Rahmenbedingungen stattfindet.

Leonie Emmerich hat zunächst auf politischem Wege versucht, sich für die Pflege zu engagieren. Sie machte die Erfahrung, dass dies ein langer, steiniger Weg ist. Oft genug findet man kein Gehör, ist frustriert von dem Gefühl, selbst nicht genug Einfluss zu haben, sondern von den Entscheidungen anderer abhängig zu sein.

Fabrice Wendt hat sich davon nicht abschrecken lassen. Auch er hat sich bereits als junger Auszubildender Gedanken gemacht, wie er sich engagieren kann für einen Beruf, den er liebt.

FABRICE WENDT ....

Mit Kasack in die Politik

„Über die Pflege wird viel geredet. Vor allem hört man, wie schlecht die Pflege in Deutschland sein soll, dass es kein Personal gibt und dass die pflegebedürftigen Menschen ein schlechtes Dasein fristen, weil sie nicht richtig versorgt, gelagert und gewaschen werden.

Die Medien sind großartig darin, ein Pflegeheim auseinanderzunehmen, in dem es gerade schlecht läuft. Die Medien verstehen es ebenfalls, solche Zustände dann auf alle – auf den gesamten Pflegeberuf – zu übertragen.

Auch für mich war die Pflege keine wirkliche Option, als ich im Jahr 2005 meinen Schulabschluss gemacht habe und mich orientieren musste, wie und womit mein Leben weitergeht. Ich wollte keine Ausbildung machen in einem Bereich, der mich nicht interessiert oder in dem ich persönlich für mich keine Zukunft sehe.

Freiwilliges Soziales Jahr als Entscheidungshilfe

In diesem Selbstfindungsprozess jobbte ich und landete in der Gastronomie, in der die Arbeit kein Zuckerschlecken ist. Dem folgte ein Freiwilliges Soziales Jahr. Als FSJ-ler fing ich an, in einer Tagesförderstätte für geistig- und mehrfach behinderte Menschen zu arbeiten. Ein Bereich, der hauptsächlich pädagogisch ist, weniger etwas mit Pflege zu tun hat. Es machte mir Spaß, und vor allem bestärkte es meinen Wunsch, in diesem Bereich arbeiten zu wollen.

Man muss stark sein für Menschen mit einer Behinderung. Stark vor allem für die, die eine geistige Beeinträchtigung haben, denn sie werden angefeindet und können sich selten – oft gar nicht – zur Wehr setzen. Nach außen wirken beeinträchtigte Menschen schwach. Im Laufe der Zeit aber lernte ich, dass die vermeintlich Schwachen die Starken waren. Ich war entschlossen, in diesem Bereich zu bleiben. Leider wird die Heilerziehungspflege nur von sehr wenigen Betrieben auch finanziell gefördert – jedenfalls war es damals so. Ich selbst hätte das Schulgeld aufbringen müssen, ohne eine Vergütung für meine Arbeit zu bekommen. Das konnte und wollte ich nicht.

So kam ich in die Altenpflege, denn ich wollte in diesem sozialen Bereich bleiben. Ich wollte Menschen helfen und ihnen jeden Tag zu einem schönen Tag machen. Doch schon während der Ausbildung fiel mir auf, dass viele Dinge schiefliefen. Es gab zu wenig Personal, zu wenig Individualität. Außerdem erlebte ich Pflege als einen Wirtschaftsfaktor, der mehr vom Profit als vom Wunsch, gut zu versorgen und zu pflegen, geleitet war.

Ich fragte mich, wie ich die Umstände verbessern könnte.

Ich nutzte jede Gelegenheit, um mich mit Bewohnerinnen und Bewohnern zu unterhalten, ihre Geschichten und ihr Leben kennenzulernen. Ich bin davon überzeugt, dass man viel besser pflegen kann, wenn man den Menschen und seine Lebensgeschichte kennt. Mit diesem Hintergrund wird vieles klarer. Das ist in meinen Augen ein wesentlicher Punkt, der von vielen vielleicht nicht gerade ignoriert wird, aber dennoch ungenutzt bleibt.

Was kann ich selbst tun, um die Umstände zu verbessern?

Politisch interessiert war ich schon lange. Ich verfolgte das Geschehen im Bundestag, in den Landesparlamenten. Mich nervte, dass ganz viele Politikerinnen und Politiker immer viel redeten, aber doch so wenig zu sagen hatten. Vor allem zum Thema Pflege. Alle waren und sind sich einig, dass

Fabrice Wendt

Fabrice Wendt ist examinierter Altenpfleger und lernte seinen Beruf an der Schule für Altenpflege der Bremer Heimstiftung. Er belegte 2017 für Bremen den ersten Platz beim Bundeswettbewerb „Bester Schüler in der Alten- und Krankenpflege" und bundesweit den vierten Platz. Er wünscht sich, dass professionell Pflegende sich darauf besinnen, warum sie ihren Beruf ergriffen haben, und dass sie für die Würde pflegebedürftiger Menschen kämpfen. Fabrice Wendt engagiert sich auf Landesebene im Bereich Pflegepolitik und setzt sich konsequent für eine Aufwertung und bessere Personalausstattung in Altenpflegeheimen, Krankenhäusern und ambulanten Pflegediensten ein. Aktuell kandiert er für die Bremer Bürgerschaft.

sich etwas ändern muss, dass viel getan werden muss, doch niemand fühlt sich verantwortlich. Keiner möchte die harte und schwierige Arbeit angehen und sich mit denen anlegen, die wirklich etwas bewirken können: Das beginnt beim Arbeitgeber und endet beim Ministerium für Gesundheit. Zu groß ist für viele die Angst, ihren Job zu verlieren. Doch gerade im Bereich Pflege muss und sollte man sich darüber keine Gedanken machen, denn wir werden gebraucht und das schon seit gestern und nicht erst ab morgen. Wir müssen uns klarmachen, dass kein Arbeitgeber in der Lage ist, ein Pflegeheim, ein Krankenhaus oder ein Wohnheim für geistig- und mehrfach behinderte Menschen zu leiten und zu führen, wenn es nicht die Pflegekräfte geben würde. Pflegekräfte, die jeden Tag trotz zum Teil mieser Bedingungen zur Arbeit kommen und das Beste aus der Situation machen.

Mit diesem Wissen und dieser Einstellung wurde es mir leichter zu sagen, was ich mir wünsche. Es wurde leichter zu fordern, was notwendig ist, und zu handeln, wie ich es für richtig halte.

Wir haben täglich aufs Neue die Wahl!

Wir alle haben täglich aufs Neue die Wahl, einfach weiter ein Teil des Systems zu sein. Wir haben die Wahl weiterzumachen wie zuvor. Wir haben die Wahl zu sagen „Das war schon immer so", oder wir entscheiden uns dazu, unsere Stimme zu erheben und zu sagen: „Mit mir nicht." Diese Wahl haben wir jeden Tag. Ich finde, es ist nie zu spät, um etwas zu verändern.

Durch Zufall lernte ich im Januar 2016 mehrere Politikerinnen und Politiker kennen, die sich mit dem Thema Pflege befassten. Durch diese Gespräche war es mir möglich, die Pflege von einer anderen Seite kennenzulernen. Es war spannend zu sehen, wie pflegepolitische Sprecherinnen und Sprecher der Bundestagsfraktionen arbeiten. Wie viel Mühe es macht, sinnvolle und notwendige Anträge durch den Gesundheitsausschuss zu bekommen. Oft habe ich mich gefragt, welche Gründe dann doch zu einer Ablehnung führten, obwohl man sich eigentlich in der Sache einig war.

Politik – das bin auch ich!

Angetrieben von den Entscheidungen, die ich während eines Praktikums im Bundestag persönlich miterlebte und die mich zum Teil entsetzten, wurde mir immer klarer, dass ich selbst aktiv werden wollte. Ich wollte mehr tun als meine tägliche Arbeit. Ich war schon immer Sympathisant der Partei DIE LINKE. Darum trat ich dieser Partei bei und engagierte mich ab diesem Zeitpunkt in der Parteiarbeit, machte meinen Weg über den Wahlkampf, verband mich mit Gleichgesinnten und führte Diskussionen. Ich wollte vorankommen und nicht nur ein Mitglied sein. Ich wollte daran arbeiten, etwas zu verändern.

Auch in meinem Bundesland Bremen stellte ich fest, dass das Thema Pflege ein Stiefkind der Politik ist. Jeder weiß um die Notwendigkeit, aber kaum jemand hat ein Interesse daran, an einem Thema zu arbeiten, das anstrengend ist und am Ende mehr Geld kostet, als es einbringt.

Ich forderte bei jeder Gelegenheit, das Thema Pflege auf die Agenda zu nehmen, brachte es immer wieder in den Beirat meines Stadtteils ein. Auch als ich in den Ausschuss für Bau, Verkehr und Umwelt gewählt wurde, lenkte ich Pflege immer in den Mittelpunkt.

Mein Ziel ist es, viele Dinge in der Pflege zu korrigieren, zu ändern, zu verbessern und einzuführen. Ich möchte dafür kämpfen, dass jeder Bewohner und jede Bewohnerin, dass jeder pflegebedürftige Mensch, aber auch jeder Angehörige das bekommt, was ihm zusteht, nämlich ein Leben ohne Sorgen. Möglich ist so ein Leben. Wir brauchen nur genug Stimmen, die genau das fordern. Menschen, die sich nach vorne wagen und sagen, wie es besser laufen kann. Ich bin fest davon überzeugt, dass es dafür genau UNS braucht: Uns Pflegekräfte! Denn wer, wenn nicht wir, könten besser nachvollziehen, was geändert werden muss?

Der Wettbewerb „Bester Schüler in der Alten- und Krankenpflege", bei dem ich für Bremen den ersten Platz und bundesweit einen vierten Platz belegte, öffnete mir neue Türen. Ich konnte meine Netzwerke erweitern, lernte unter anderem Frau Prof. Dr. Krohwinkel und Schwester Juchli kennen. Auch durch Gespräche mit diesen Personen der Pflege verstärkte sich mein Gefühl, etwas beizutragen für die Gesellschaft.

Werfe ich einen Blick in die Politik, dann stelle ich fest, dass die meisten „Fachpolitiker" keine Fachkräfte ihres Bereiches sind. Es ist meiner Meinung nach eine

„Ich möchte eine politische Stimme für die Pflege sein, möchte handeln und für das einstehen, was erforderlich ist."

Fabrice Wendt

Unverantwortlichkeit, Menschen auf Positionen zu setzen, die keine Fachleute in ihrem Kernthema sind. Hier meine ich nicht nur die Politik. Das beziehe ich ebenso auf die Pflegedienstleitung oder auch eine Einrichtungsleitung. Es gibt in meinen Augen zu wenige Fachleute in der Politik, die sich mit dem Thema Pflege und Gesundheit auseinandersetzen und Pflege auch als beruflichen Hintergrund haben.

Es sollten Fachleute entscheiden, woran es an der Basis fehlt. Nur durch Fachlichkeit und Transparenz ist man in der Lage, die Pflege und Gesundheit dorthin zu führen, wo sie hingehört: an ein Optimum.

Pflege in die Parlamente

Darum habe ich mich dazu entschlossen, bei der nächsten Bürgerschaftswahl (Landtagswahl) in Bremen, die voraussichtlich im Mai 2019 sein wird, zu kandidieren. Ich möchte eine politische Stimme für die Pflege sein, möchte handeln und für das einstehen, was erforderlich ist.

Es ist aber nicht nur mein politisches Interesse, das mich antreibt. Auf der Suche nach aktiven, mutigen und kreativen Menschen in der Pflege nahm ich am Aktivcamp Pflege teil. Dort entstand in einer Session ein Blog. In diesem Blog PROJEKT CARE veröffentliche ich gemeinsam mit einer Gruppe junger Pflegekräfte alltägliche Geschichten der Pflege. Diese Idee ist nicht neu. Es gibt eine Reihe von Bloggern, die Geschichten schreiben, die sie ins Internet stellen. Unser Fokus ist aber ganz klar: Pflege ist toll. Pflege ist schön. Und Pflege macht Spaß. Und das ist mir für meine Politik und die gesamte Gesellschaft wichtig.

Viele Menschen halten es aufgrung des Pflegenotstandes für falsch, positive Dinge aus und in der Pflege öffentlich darzustellen. Ich sehe das anders. Ich bin davon überzeugt, dass es notwendig ist, dass Pflegekräfte erzählen, warum sie ihren Beruf ausüben, und nicht nur davon berichten, warum sie ihren Beruf nicht mehr ausüben wollen.

Wir werden mit unseren Geschichten sicherlich nicht den Pflegenotstand beenden. Mein Ziel ist es vielmehr, junge Menschen dazu anzuregen, zumindest darüber nachzudenken, eine Pflegeausbildung zu machen. Ja, es gibt den Pflegenotstand und es gibt zu wenige Pflegefachkräfte und Pflegekräfte, die einen tollen und guten Job machen. Der Grund dafür liegt für mich aber nicht an den Menschen, die diesen Beruf nicht erlernen möchten. Ich sehe hier eine gescheiterte Politik, die es versäumt hat, dafür zu sorgen, dass ein gesellschaftlich notwendiger Beruf die Mittel bekommt, die er benötigt, um eine angemessene Arbeit leisten zu können.

Ich weiß, dass ich liefern muss!

Als politisch sehr aktiver und zudem examinierter Altenpfleger sehe ich mich in der Verantwortung zu handeln. Ich möchte mit dafür sorgen, der Gesellschaft zu zeigen, wie Pflege derzeit funktioniert und wie sie funktionieren sollte. Dazu gehört auch aufzuzeigen, dass ein großer Teil der Arbeit gut ist und genau der schlechte Teil „von außen" derart aufgepusht wird, dass wir die guten Dinge gar nicht mehr wahrnehmen.

Nicht der Beruf muss sich ändern, sondern die Bedingungen, unter denen wir unseren Beruf ausüben (müssen). Investieren wir Gelder sinnvoll und an den richtigen Stellen, kommt es denen zugute, die es nötig haben. Pflegebedürftigkeit sucht sich niemand aus. Ich stehe für eine menschenwürdige Pflege, egal was der Kontostand der pflege- und hilfsbedürftigen Menschen sagt.

Ich mache mich auf den Weg. Sollte mich mein Weg über die Landesliste der DIE LINKE Land Bremen in das bremische Parlament führen, dann weiß ich, dass ich liefern muss. Dann stehe ich auf der „anderen" Seite. Bremen verfügt über ein

Teilzeitparlament. Das gibt Raum für Politik UND Beruf. Ich denke, richtig handeln kann nur der, der weiß, was an der Basis passiert. Ich möchte immer Teil dieser Basis bleiben. Ich gehöre in die Pflege und werde auch dort bleiben. Ob mit oder ohne politisches Mandat."

Es gibt sie, die Pflegeschülerinnen und -schüler, die ihre Zukunft selbst in die Hand nehmen und mitgestalten wollen. Das erfordert natürlich Mut, Durchhaltevermögen – und ein gewisses Maß an Querulantentum. Hilfreich ist es, wenn sie dabei Unterstützung finden. Wenn sie Glück haben, treffen sie während ihrer Ausbildung auf eine Praxisanleiterin wie Wencke Seuberling. Sie ist einen holprigen Weg gegangen. Mit 16 Jahren verließ sie die Hauptschule in einem oberpfälzischen Dorf nur mit einem Hauptschulabschluss mit 5er-Schnitt. Danach lernte sie den Beruf der Kinderpflegerin. Viele Jahre später spürte sie den Drang, etwas verändern zu wollen. Sie entschloss sich also mit 36 Jahren, die Ausbildung zur Altenpflegekraft zu beginnen. Aus der Schülerin mit einem 5er-Notenschnitt wurde eine examinierte Altenpflegekraft mit einem ein 1er-Abschluss im Altenpflege-Examen. 2014 trat sie in der Einrichtung, in der sie arbeitete, die Stelle der Ausbildungsleitung an. Sie wollte Schülerinnen und Schüler zu verantwortungsvollen, professionellen Fachkräften ausbilden, welche ihr Herz und ihre Liebe für den Beruf, bei all dem Stress und Druck, den diese Arbeit mit sich bringen kann, beibehalten und nicht verlieren.

Wencke Seuberling will Pflegenden den Rücken stärken, sie motivieren, sie dazu bringen, auf ihre Grenzen zu achten und sie daran erinnern, warum sie alle mal in die Pflege gegangen sind. Sie weiß, wie wichtig das ist, da sie selbst schon an ihre Grenzen gestoßen und darüber hinausgegangen ist und damals niemand für sie da war. Sie ist der festen Überzeugung, dass Pflegende jemanden brauchen, der ihnen hilft, sich ihrer selbst wieder bewusst zu werden und so auch ihr Selbstbewusstsein wiederzuerlangen, denn das vergisst man bei der Arbeitsbelastung, beim Rennen und bei all dem Geben. Wie sie das genau macht und warum sie sich wünscht, dass ihre Auszubildenden Querulanten und Querulantinnen sind, hat sie uns in einem Interview erzählt.

INTERVIEW MIT WENCKE SEUBERLING

Seid unbequem!

Elisabeth Scharfenberg: Sie arbeiten in der Altenpflege. Wir haben uns vor Jahren kennengelernt. Damals hatten Sie gerade die Ausbildung zur Altenpflegefachkraft begonnen. 2017 haben Sie den Deutschen Preis für die beste Praxisanleitung in der Pflege bekommen. Was hat Sie gereizt, in die Pflege zu gehen? Und wir sind Sie zur besten Praxisanleiterin geworden?

Wencke Seuberling: *Ich habe, wie andere auch, mit 15 die Schule beendet und wusste überhaupt nicht, was ich machen soll. Ich hatte keinen Ausbildungsplatz. Wir hatten eine Abschlussfahrt nach Neuendettelsau.*

Dort konnte ich mich über die Ausbildung zur Kinderpflegerin informieren und habe mich für diesen Beruf entschieden. Die Ausbildung dauerte zwei Jahre. Kinderpflegerinnen sind Helferinnen im Kindergarten. Ich habe jedoch nie in einem Kindergarten gearbeitet, sondern bin durch Zufall im Behindertenbereich gelandet. Ich habe gemerkt, dass mir das einfach auch liegt, mit Menschen zu arbeiten, und dass ich daran auch Spaß habe. Ich wollte nicht nur Geld verdienen, um Miete zu zahlen. Ich habe dann 26 Jahre im Behindertenbereich gearbeitet.

2008 wurde ich in den Stadtrat gewählt. Das war eher ein Zufall. In dieser Zeit habe ich mich dann entschieden, dass ich eine Fachkraftausbildung machen möchte. Zusätzlich wurde ich noch Mitglied des Seniorenbeirates. Dort lernte ich dann sehr interessante, außergewöhnliche Menschen kennen. Ich habe sehr viel Einblick in das bekommen, was Seniorenpolitik eigentlich ausmacht. Ich habe angefangen, mich für Altenpolitik und Altenpflege zu interessieren. Zu guter Letzt habe ich mich in Erlangen an der Altenpflegeschule beworben. Für mich passte das wunderbar

Wencke Seuberling

Wencke Seuberling stammt aus Erlangen und arbeitete lange als Kinderpflegerin in der Behindertenhilfe. Erst mit 36 Jahren begann sie ihre Ausbildung zur Altenpflegerin. Ihr liegen hier die Azubis ganz besonders am Herzen. 2017 hat Wencke Seuberling den Siegfried Huhn-Ehrenpreis als beste Praxisanleiterin Deutschlands bekommen. Sie ist davon überzeugt, dass selbstbewusste Auszubildende auch starke Pflegekräfte werden. Das ist für sie aber kein Selbstläufer. Darum ist ihr die Stärkung und Begleitung sehr wichtig. Zurzeit arbeitet sie im Qualitätsmanagement. Nebenberuflich studiert sie Mediation und Coaching.

zusammen. Diese drei Jahre Ausbildung haben mich persönlich sehr verändert, sehr geprägt.

Das ist auch das, was ich meinen Schülern und Schülerinnen am Anfang der Ausbildung immer sage: Man lernt sich noch mal völlig neu kennen. Man lernt völlig neue Seiten an sich auch kennen, weil man mit Menschen zu tun hat – Kolleginnen und Kollegen, Bewohnern und Bewohnerinnen. Menschen, die einem sonst nie begegnen würden. Man hat auf einmal mit schweren Krankheiten zu tun. Mit viel psychologischer Arbeit. Pädagogischer Arbeit, weil man auffangen muss. Man muss die Bewohner selbst auffangen, wenn sie im Sterbeprozess sind und auch Ängste haben. Man muss die Angehörigen auffangen. Man stellt sich selbst hinten an. Dabei muss man aufpassen, dass man sich wiederum nicht selbst verliert. Nicht abstumpft. Das ist ein psychologischer wie pädagogischer Spagat. Ich merkte, wie meine eigene Seele eigentlich tickt. Und so wurde dieser Beruf für mich auch zu einer Berufung.

Elisabeth Scharfenberg: Für Sie wurde die Berufung aber dann auch zur Überforderung ...

Wencke Seuberling: *Ja, ich war dann nach dem Abschluss meiner Ausbildung nur zwei Jahre aktiv in der Pflege. Ich bin irgendwann umgefallen. Ich bin an meine Leistungsgrenze gestoßen, habe nicht richtig auf mich aufgepasst. Es war extrem schwierig, sich abzugrenzen. Wenn man zum Beispiel nicht nach Hause gehen kann, wenn man einfach weiß, dass die Fachkraft vom Spätdienst nicht kommt, weil sie sich krank gemeldet hat. Und dann kann man niemanden mehr anrufen, denn die, die man anrufen könnte, sind den 20. Tag im Dienst. Dann bleibt man eben im Dienst. Wenn ich zurückblicke, verstehe ich heute nicht mehr, warum ich damals so gehandelt habe.*

Ich habe dann den Arbeitgeber gewechselt. Damals hatte ich das spannendste Bewerbungsgespräch, das ich jemals hatte. Dies war übrigens auch dann die Einrichtung, in der ich den Preis bekommen habe. Dort fing ich als Dokumentationsbeauftragte an. Das heißt, ich war noch in der Pflege, aber aus der Pflege am Bett raus. Ich war nicht mehr komplett auf dem Wohnbereich. Ich habe Pflegeplanungen geschrieben, ich habe mich mit der Dokumentation insgesamt auseinandergesetzt. Wo kann man was sparen? Was ist überflüssig? Habe Schulungen gehalten für die Kollegen. Nach und nach wurde ich zur Ratgeberin. Dann hatte die Einrichtung niemanden, der die Ausbildungsleitung macht. Und ich habe dann später erfahren, dass die Schüler und Schülerinnen auf meine Leitung zugegangen sind und gesagt haben, dass sie mich wollen.

Elisabeth Scharfenberg: Aber offensichtlich sind Sie sehr gut reingewachsen in Ihre Aufgabe. Diese Erfahrung, die Sie gemacht haben mit Ihrem Burn-out, hilft Ihnen das in der Beratung von Schülerinnen und Schülern, Arbeitskolleginnen, Arbeitskollegen? Sind Sie mutiger geworden über dieses Burn-out und auch über die Entwicklung mit der Praxisanleitung, Ihre Bedürfnisse auch klar zu äußern und nicht mehr alles mitzumachen? Denn das ist ja das, was viele in der Pflege erleben. Man ackert, bis man umfällt oder bis man aussteigt. Diese Momente vorher, wo man vielleicht auch Dinge hätte noch anders organisieren können oder das Gespräch hätte suchen können, die hat man verpasst. Hat Sie das ein Stück weitergebracht, da so für sich einzustehen?

Wencke Seuberling: *Komplett. Also im Nachhinein betrachtet, bin ich unheimlich dankbar dafür. Ich würde sonst nicht da stehen, wo ich bin, oder hätte mich nicht zu der entwickelt, die ich heute bin. Und das ist das, was ich aus dieser Erfahrung heraus auch meinen Schülerinnen und Schülern immer wieder mitgebe. Macht den Mund auf! Sagt auch mal Nein! Meine Schülerinnen und Schüler sind durch die Bank Querulanten und Querulantinnen. Und darauf bin ich unglaublich stolz.*

Elisabeth Scharfenberg: Sie ermutigen sie auch dazu, oder?

Wencke Seuberling: *Ja! Sie hinterfragen alles. Fachlichkeiten, Dienstpläne. Ich persönlich verlange von der Person, die mir vorgesetzt ist, eine Transparenz. Und ja, ich verlange von Fachkräften, von Helfern, von jedem, auf den ich treffe, dass er den Mund aufmacht, dass er lernt seine Grenzen zu sehen, zu respektieren und auch zu zeigen. Ich finde es unheimlich wichtig, den Mut auch zu haben, die vermeintliche „Schwäche" auch zu zeigen. Zu sagen: Okay, bis hierhin und nicht weiter. Und dann aber auch zur richtigen Person zu gehen, die da etwas ändern kann. Der Person, die Verantwortung trägt – egal ob Pflegedienstleitung oder Chefin. Ich mache deutlich: „Jetzt bist du dran, weil es deine Verantwortung ist, und du musst jetzt was tun!" Wir haben es nicht nötig, in unserem Beruf duckmäuserisch zu sein. Wir werden gesucht als Pflegekräfte. Wenn ich in einem Haus bin und nicht so arbeiten kann, wie ich mir das vorstelle, dann gehe ich ins nächste, wenn es sein muss. Man kann versuchen anzufangen, zu beeinflussen. Die große Politik wirkt erst mal beeindruckend. Dass da eine kleine Pflegekraft sagt, „Da kann ich ja nichts tun. Da kann ich ja nichts ändern ...", das kann ich nachvollziehen. Aber ich kann viel in meinem Team ändern. Und ich kann praktisch als Helfer, Helferin zu meiner Wohnbereichsleitung, zur Pflegedienstleitung oder zur Einrichtungsleitung gehen.*

Elisabeth Scharfenberg: Haben Sie das Gefühl, dass das zu wenig stattfindet, dieses konkrete Problem anzusprechen?

Wencke Seuberling: *Ja.*

Elisabeth Scharfenberg: Warum ist das so? Ist da Angst oder ist es auch Bequemlichkeit?

Wencke Seuberling: *Ich glaube, es ist weder Angst noch Bequemlichkeit. Ich glaube, es ist ganz viel Resignation. Wir können ja eh nichts ändern. Das ist ja eh so. Es entscheiden ja eh immer andere. Und es ist diese unglaubliche Frustration. Es hat einen Grund, warum ein Mensch in die Pflege gegangen ist. Er will helfen, will da sein. Und dann ist sie da, die Überlastung. Und man weiß selbst nicht mehr, wie man auf sich achten kann. Aber wenn ich auf mich nicht mehr achten kann, wie soll ich das dann gegenüber denen, die mir anvertraut sind? Und wenn ich es für mich nicht kann, da ist einfach niemand, der es tut.*

> **„Pflege ist immer ein Statement! Wir müssen erst die Pflegenden stärken und zwar ganz persönlich, dann wird der Rest ein Kinderspiel."**
>
> *Wencke Seuberling*

Elisabeth Scharfenberg: Wie kann man die Weichen stellen, dass die Pflege auch an diesen Punkt kommt, sich selbst noch im Blick zu haben? Sich selbst sich nicht aus dem Blick zu verlieren mit den Bedürfnissen und auch mit den Möglichkeiten, die man hat?

Wencke Seuberling: *Ich finde, es muss jemand da sein, der aus der Pflege kommt, aber von außen drauf guckt. Wenn da jemand ist, der sagt: „Hey, pass mal auf. Was ist denn mit dir los?" Nicht: „Jetzt kriegen Sie eine Dienstanweisung, weil Sie dies oder jenes nicht ordentlich ausführen". Sondern zu fragen: „Warum machst du das denn nicht? Du kannst es doch. Du hast es gelernt. Du hast jahrelang Erfahrung". Jedes*

Wirtschaftsunternehmen leistet sich Coaches und Supervisionen. Im Team selbst fehlt dazu oft die Kraft. Die Energie ist nicht da, weil die Energie gebraucht wird, um überhaupt morgens aufzustehen und in die Arbeit zu gehen. Und dort das zu tun, was du gerade noch so leisten kannst. Viele haben familiäre Probleme. Die Scheidungsraten in der Pflege sind hoch. Manche Mütter sehen ihre Kinder so gut wie gar nicht mehr, weil sie permanent einspringen und kein geregeltes Leben haben. Wenn du Mittwoch gefragt wirst, ob du am Samstag mit ins Schwimmbad gehst und automatisch sagst: „Würde ich gerne, aber ich weiß noch nicht, ob ich frei habe. Im Dienstplan steht frei, aber ich weiß ja nicht, wie es am Samstag aussieht." Und dann kommt der Anruf aus der Einrichtung. Und die wenigsten können Nein sagen und die wenigsten können einfach nicht an das Handy gehen, weil sie an die pflegebedürftigen Menschen denken. Und das wird sehr oft ausgenutzt, denn sonst bricht das System zusammen. Der Pflegeschlüssel ist ein riesiges Problem. Und bei der Umstellung von den Pflegestufen zu den Pflegegraden kam es definitiv zu Personalkürzung."

Elisabeth Scharfenberg: Was halten Sie von der Akademisierung der Pflege?

Wencke Seuberling: *Akademisierung unterstütze ich in allen Pflegebereichen, auch im Altenpflegeheim. Ich habe im Altenpflegeheim nicht mal eben kurz einen Arzt, der irgendwas entscheidet. Das muss ich machen. Und entscheide ich mich falsch, dann habe ich ein Problem. Wir müssen kritische Situationen erkennen. Wir müssen medizinisch unglaublich viel wissen. Und da ärgert es mich einfach, wenn es immer so dargestellt wird, dass Altenpfleger und Altenpflegerinnen lediglich ein bisschen Körperpflege machen.*

Elisabeth Scharfenberg: Ein bisschen ein warmes Herz brauchen, oder?

Wencke Seuberling: *Ich brauche Gefühl, ich brauche ein warmes Herz, aber ich brauche die medizinische Fachlichkeit. Und die haben wir in der Altenpflege genauso wie eine Krankenschwester. Diese Ausspielerei innerhalb und zwischen den Pflegeprofessionen, die funktioniert. Und weil sie funktioniert, geht die Pflege nicht gemeinsam auf die Straße. Zwischen Krankenpflege und Altenpflege wird ein Konkurrenzdenken geschürt, das dazu beiträgt, dass sich politisch nichts verändert. Weil wir ja erst mal mit uns beschäftigt sind und uns gegenseitig Vorwürfe machen.*

Elisabeth Scharfenberg: Frau Seuberling, was sind da jetzt auch Ihre persönlichen nächsten Schritte? Wie wollen Sie für sich in der Pflege weitermachen?

Wencke Seuberling: *Für mich ist Pflege immer auch politisch. In dem Moment, in dem ich einen Pflegeberuf ergreife, kann ich nicht mehr unpolitisch sein. Gerade in der jetzigen Situation. Und das gebe ich Schülern, Schülerinnen wie auch Kollegen und Kolleginnen weiter. Ich verweise immer auf den Bundesverband. Ich verweise auch immer auf ver.di, von denen ich mich aber leider nicht sehr gut vertreten fühle. Leider sind zu wenige Pflegekräfte Mitglied dort. Ich selbst bin gerade in einer Findungsphase. Ich habe meinen Arbeitgeber gewechselt. Zurzeit arbeite ich im Qualitätsmanagement. Nebenberuflich studiere ich Mediation und Coaching. Damit will ich dem Ganzen, was ich da tue, auch ein fachliches Fundament geben. Ich habe Träume. Am liebsten würde ich ins Coaching gehen, aber diese Stellen gibt es einfach nicht. Ich möchte Dinge bewegen, Prozesse anschieben. Und das kann ich, wenn ich coache. Ich kann dann aber auch einem Arbeitgeber ordentliches Personal – Personal, das ausgeglichen ist – verschaffen. Das funktioniert, wenn ich die Möglichkeit bekomme, denen das an die Hand zu geben, was sie wirklich brauchen, um den Pflegealltag individuell hinzukriegen. Hier geht nicht das Gießkannenprinzip. Was für den einen passt, muss beim anderen noch lange nicht funktionieren.*

Die Zukunft der Pflege liegt nicht nur in den Händen von denen „da oben". Niemand ist anonymen Entscheidern und Entscheiderinnen ausgeliefert, die vorgeben, wie Pflege funktioniert. Natürlich kann jeder Einzelne das System Pflege umkrempeln. Aber es ist möglich, den eigenen Handlungsspielraum zu entdecken und zu nutzen. Sei es, dass man sich leidenschaftlich für das Image der Pflege einsetzt wie Leonie Emmerich, dass man versucht, durch eigenes politisches Engagement in Entscheiderpositionen zu gelangen wie Fabrice Wendt, dass man vor Ort in der eigenen Einrichtung und im eigenen Team beschließt, Dinge anders zu machen wie Wencke Seuberling. Vielleicht brauchen wir wirklich mehr Querulantinnen und Querulanten in der Pflege, die hinterfragen, Antworten fordern oder Nein sagen. Die ihre Position der Stärke erkennen und nutzen. Denn letzten Endes profitieren alle davon. Wer anfängt, etwas anders zu machen, kann letztendlich sogar die Politik beeinflussen, wie das Beispiel von Jos de Blok und Buurtzorg zeigt.

KAPITEL 7

PFLEGE IST GEMEINSAM STARK UND GEHT NEUE WEGE

Pflege könnte viel erreichen, wenn sie an einem Strang ziehen würde. Und die Pflege ist nicht ohne Vertretung. Da gibt es Berufsverbände, die Gewerkschaft ver.di und nun auch Pflegekammern. Aktionsbündnisse haben sich formiert, wie etwa die Initiativen „Pflege in Bewegung" oder der „Walk of Care". Sie bringen die berufliche Situation der Pflegenden auf die Straße. Sie führen uns vor Augen: Wenn wir die Arbeitsbedingungen in der Pflege nicht nachhaltig verbessern, wird es nicht gelingen, die Pflegekräfte im Beruf zu halten, geschweige denn Hunderttausende, die wir dringend in der Pflege brauchen, neu für die Pflegeberufe zu gewinnen. Gleichgesinnte suchen und finden sich in den sozialen Medien, in Online-Netzwerken oder Open Spaces wie dem Aktivcamp Pflege. Was treibt Pflegekräfte an, die sich in der Gewerkschaft, einer Pflegekammer oder als Pflege-Aktivistinnen und Pflege-Aktivisten engagieren? Sie alle wollen die Situation in der Pflege verbessern. Ergänzend zur Politik, als Tarifpartner oder als berufsständische Vertretung. Oder aber als unabhängige Bewegung, die basisdemokratisch entscheidet, wie zum Beispiel der „Walk of Care". Wichtig ist gerade den Pflege-AktivistInnen, dass mit ihnen geredet wird. Sie alle sind Pflegekräfte, die in der Pflege arbeiten und viel Energie in ihr „Projekt" stecken. Sie könnten der Schlüssel zu einem neuen Selbstbild der Pflege sein, weil sie auch mal querdenken und gegen den Strich bürsten. Die Pflege-Aktionsbündnisse sprechen oft Klartext, wo die Politik nur um den heißen Brei herum redet. Ein solches Forum bietet auch der Open Space Aktivcamp Pflege. Hier finden sich Menschen zusammen, die alle Denkverbote aufheben und auch ihre eigenen Visionen in den Pflegealltag einbringen wollen. Aus Visionen kann, alleine durch eine ernsthafte Auseinandersetzung mit ihnen, durchaus Realität werden. Beim Aktivcamp Pflege wird uns deutlich gemacht, dass es oftmals die jungen Pflegekräfte, die Auszubildenden sind, die spannende Ideen für Initiativen, Projekte, Weiterentwicklungen haben.

Es ist schwer, Pflege zu mobilisieren. Der Frust und das Gefühl, sowieso nichts bewirken zu können, sitzen tief. Das wissen alle, die sich engagieren, ob bei ver.di, in der Pflegekammer, in Berufsverbänden oder auch bei Aktionsbündnissen. Verfolgt man Diskussionen bei Facebook oder bei Twitter, kann einen auch schon manchmal das Gefühl beschleichen, als gäbe es sogar Konkurrenz untereinander. Kommentare sind wenig zimperlich. Man geht hart miteinander ins Gericht. In unseren Augen kann es gar nicht genug Bündnisse und Organisationen geben, die ihre Stimme für die Pflege erheben. Der Idealfall wäre, wenn alle gemeinsam als Netzwerk und gegenseitige Ergänzung für Verbesserungen einstehen würden.

Ein Netzwerk der Unterstützung herzustellen ist auch das Ziel von unserem Format Aktivcamp Pflege. Es soll ein Forum bieten für alle, die gemeinsam nach Lösungen suchen wollen.

TEAM SCHARFENBERG ....

Open Space Aktivcamp Pflege

Wir wollen, dass die Pflege aktiv wird!

Alle wollen in der Pflege etwas verändern. Doch kaum jemand fühlt sich in der Lage dazu, etwas dazu beizutragen. Das liegt häufig an der gefühlten Ohnmacht und dem Eindruck, dass doch immer nur andere entscheiden, wie es läuft. Man nimmt die Bedingungen in der Pflege als gegeben hin und schimpft auf „die da oben". Doch diese Resignation bringt weder dem Einzelnen noch der Pflege etwas. Einige oder sogar viele haben Ideen, was sich verändern sollte – am eigenen Arbeitsplatz oder in der eigenen Generation der professionell Pflegenden. Doch häufig fehlt es an Möglichkeiten, die Ideen zu konkretisieren, sich mit anderen darüber auszutauschen und sogar gemeinsam ein Projekt zu starten.

Mit dem Aktivcamp Pflege wollen wir allen ein Forum bieten, die aktiv werden wollen. Denjenigen, die vielleicht noch einen kleinen Impuls brauchen, um loszulegen.

Der Austausch lässt Ideen Gestalt annehmen und gibt den Teilnehmerinnen und Teilnehmern Mut und Energie, ihr Projekt umzusetzen. Immer engere Vernetzungen finden statt, denn immer mehr Gleichgesinnte verbünden sich, um sich gegenseitig zu unterstützen. Der Grund dafür liegt auch in dem Format des Aktivcamps Pflege.

Ein Camp ist keine Konferenz

Es gibt zahllose Pflege-Kongresse, Pflege-Tagungen und Pflege-Podiumsdiskussionen. Sie alle haben eins gemeinsam: Sie sind Frontalveranstaltungen, bei denen nur wenige ExpertInnen reden und das große Publikum zuhört. Unterschiedliche Sichtweisen, Erfahrungen und Lösungsansätze können nicht eingebracht werden. Oft bleibt man in der Problemanalyse hängen und bestätigt sich gegenseitig.

Denkverbote aufheben und über den eigenen Tellerrand schauen, davon profitiert die gesamte Pflege.

Team Scharfenberg

Das Aktivcamp setzt dem ein Konzept entgegen, bei dem es keinen Unterschied gibt zwischen Podium und Publikum. Nach der Themensammlung im Plenum wird die Tagesordnung zusammengestellt, indem die einzelnen Sessions bestimmten Zeiträumen zugeteilt werden. So entsteht ein großer Themen-Marktplatz. Wer ein Thema vorgeschlagen hat, leitet die entsprechende Arbeitsgruppe. Auch dabei gilt Zurückhaltung: Man leitet und moderiert, hält aber keine Vorträge. Der Austausch auf Augenhöhe zwischen allen TeilnehmerInnen steht im Vordergrund. Jeder entscheidet für sich selbst, an welcher Session er teilnimmt. Die Diskussion verläuft lösungsorientiert und wird dabei dokumentiert. Ideen, Lösungen, Maßnahmen werden festgehalten.

Die Themen werden tagesaktuell von den TeilnehmerInnen auf die Tagesordnung gesetzt und es geht daher um aktuelle, praxisorientierte Themen mit hohem Nutzwert für alle. Alle bringen sich und ihre Perspektive ein und werden aktiv, denn es gibt keinen Unterschied zwischen Podium und Publikum. Es findet ein Austausch auf Augenhöhe statt und es wird lösungsorientiert diskutiert.

Wir wollen mit dem Aktivcamp Pflege raus aus der Schockstarre des Pflegenotstandes hineinkommen in ein aktives, selbstbestimmtes Handeln. Wir wollen die Erfahrungen und das Wissen vieler unterschiedlicher ExpertInnen zusammenbringen und nutzen. Themen können aus unterschiedlichen Perspektiven diskutiert werden. Es gibt keine vorgegebenen Lösungen. Das macht das erfrischende Format aus.

Team Scharfenberg

Elisabeth und Uli Scharfenberg sind das Team Scharfenberg. Sie organisieren das Aktivcamp Pflege. Beratung, Moderationen und Keynotes runden ihre Tätigkeiten im Bereich Pflege ab. Beide haben tiefen Einblick in politische Strukturen, bundespolitisch und auch kommunal. Sie verstehen sich als Brückenbauer zwischen Politik und Pflegepraxis.

In der Pflege ist es nicht selbstverständlich, sich zu vernetzen und zu organisieren. Genau das macht die Pflege zum Spielball der Politik. Und Pflege funktioniert auch immer noch unter desolaten Bedingungen. Pflegekräfte sind hochgradig leidensfähig und empfinden ihren Patientinnen und Patienten, ihren Bewohnerinnen und Bewohnern gegenüber eine hohe Loyalität. Das ist einerseits die große Stärke der Pflege, aber auch andererseits ihr ganz großes Problem. Warum sollten Dinge verändert werden, wenn sie doch immer irgendwie gehen? Politik agiert immer da, wo es am lautesten ist. Ein schönes Beispiel dafür sind die Landwirte. Ein schlechter Sommer alleine reicht, um die Landwirtschaftsministerin in Alarmbereitschaft zu versetzen. Sofort steht sie mit Subventionen bereit, um die Landwirte zu befrieden. In der Pflege haben wir seit 30 Jahren schwierige bis katastrophale Umstände. Nie hat das Gesundheitsministerium sich in der Verantwortung gesehen, selbst anzupacken und Geld in die Hand zu nehmen. Man gibt fleißig das Geld der Pflegeversicherung aus. Im Bereich Pflege stehen große Veränderungen an. Wenn die Politik diese Veränderungen anpackt, wird deutlich werden, wie groß der Pflegenotstand wirklich ist. Wir werden sehen, wie viele Pflegekräfte gebraucht werden und dass wir diese allein durch die Ansage, nun 13.000 Pflegestellen mehr zu schaffen, nicht herbeizaubern können. Darum braucht es Menschen, die außerparlamentarisch den Finger in die Wunde legen.

Einer dieser Menschen ist die Pflegedienst- und Heimleiterin Birgit Hansen. Sie arbeitet im Mutter-Rosa-Altenzentrum in Trier. Ihre feste Überzeugung ist es, dass die Pflegekammer die Pflege stark macht und deren Interessen berufspolitisch vertritt. Sie engagiert sich für und in der Pflegekammer Rheinland-Pfalz. Auch sie sieht, ähnlich wie der Personalratsvorsitzende und Gewerkschafter Thomas Agel, Pflegekammer und ver.di als gegenseitige Ergänzung.

INTERVIEW MIT BIRGIT HANSEN

Die Pflegekammer macht die Pflege stark

Elisabeth Scharfenberg: Frau Hansen, was hat Sie damals motiviert, in den Pflegeberuf zu gehen?

Birgit Hansen: *Nach dem Abitur habe ich ein dreimonatiges Praktikum im Krankenhaus gemacht. Und da hat es mich gepackt. Ich habe gemerkt, Pflege ist mein Beruf. Ich wollte Menschen beim Gesundwerden helfen. Ich wollte sie in ihrer Krankheit und beim Sterben begleiten. Ich empfand eine solche Faszination am Leben, am pflegerischen Wissen und am medizinischen Wissen. Es war genau meine Passion, die Zusammenhänge zu kennen zwischen all diesen Aspekten. Ich habe diese Entscheidung bis heute nicht bereut.*

> Der Pflegeberuf ist immer noch mein Wunschberuf. Wenn die Rahmenbedingungen nicht stimmen, kann der Beruf oder die Tätigkeit als solche nichts dafür.
>
> *Birgit Hansen*

Elisabeth Scharfenberg: Und das trotz der momentanen oder auch schon länger gefühlten und tatsächlichen Missstände im Pflegebereich?

Birgit Hansen: *Ja, aber daran ist ja nicht der Beruf schuld. Der Beruf ist immer noch mein Wunschberuf. Wenn die Rahmenbedingungen nicht stimmen, kann der Beruf oder die Tätigkeit als solche nichts dafür.*

Elisabeth Scharfenberg: Das finde ich eine ganz starke Aussage. Da haben Sie absolut recht. Welche Rahmenbedingungen brauchen Sie für gute Pflege und gute Arbeitsbedingungen?

Birgit Hansen: *Dazu braucht es eine gute Ausbildung und es braucht auch Fort- und Weiterbildung. Es braucht eine permanente Aktualisierung pflegerischen Wissens. Wir können nicht sagen, das haben wir jetzt 30 Jahre so gemacht und darum machen wir es die nächsten 30 Jahre auch noch so. Nein, ich muss auch das Wissen und das pflegerische Tun immer anpassen an den aktuellen Stand der Dinge. Das versuchen wir hier. Und ich versuche, all dies in unser Pflegeverständnis zu integrieren. Das macht für mich das Thema Pflege aus.*

Elisabeth Scharfenberg: Frau Hansen, mich interessiert Ihr Blick auf die Pflegekammer. Wo genau und wie stärkt die Pflegekammer die Pflege?

Birgit Hansen: *Für mich macht die Pflegekammer die Pflege stark. Pflege ist stark, aber sie weiß es nicht und sie tut auch nichts dafür, dass andere es wissen. Das heißt, die Pflegekammer ist eine starke Interessenvertretung. Natürlich zusammen mit Berufsverbänden und Gewerkschaften. Die gehören auch mit ins Boot. Leider sehen sich die Gewerkschaften gerne auch ein bisschen außerhalb. Ich weiß, dass ver.di die Pflegekammer gerade am Anfang nicht sonderlich begrüßt hat. Der Umgang miteinander war zunächst schwierig. Das hat sich sehr, sehr gebessert. Wir arbeiten mittlerweile wirklich auf Augenhöhe zusammen – zum Wohl der Pflege. Das anfängliche Konkurrenzdenken ist jetzt nicht mehr zu spüren.*

Elisabeth Scharfenberg: Wie arbeitet die Pflegekammer Rheinland-Pfalz?

Birgit Hansen: *Die Pflegekammer ermöglicht die Selbstorganisation der Pflege. Sie verbessert dadurch auch die Qualität der pflegerischen Versorgung. Sie berät Mitglieder zu unterschiedlichsten Fragen. Das heißt, in der Geschäftsstelle sitzen immer Mitarbeiterinnen und Mitarbeiter, die ganztägig Telefonate entgegennehmen. Und das sind auch richtig viele, etwa*

Birgit Hansen

Birgit Hansen ist gelernte Krankenschwester. 1991 absolvierte sie eine berufsbegleitende Weiterbildung zur Stationsleitung. Von 1994 bis 1997 machte sie eine berufsbegleitende Weiterbildung zur Pflegedienstleitung. Sie arbeitet bereits seit 1988 beim gleichen Träger. Seit knapp 25 Jahren ist sie im Mutter-Rosa-Altenzentrum Pflegedienstleiterin und Mitglied des Heimleitungsteams. Sie brennt für die Pflegekammer Rheinland-Pfalz. Birgit Hansen ist der Auffassung, dass die Pflegekammer die Pflege stark macht und eine Selbstorganisation ermöglicht. Als Mitglied der Vertreterversammlung und der Pflegekammer bringt sie sich darum aktiv ein.

1000 Anrufe pro Monat. Die Pflegekammer ist jetzt erstmals in der Lage, dass sie für die Pflege die Weiterbildung organisiert. Sie hat in einem unglaublichen Kraftakt im Weiterbildungsausschuss die Weiterbildungsordnung erstellt. Das heißt, wir bestimmen die Inhalte, die Abfolge und die Rahmenbedingungen von Weiterbildungen. Das nächste große Projekt in dieser Richtung wird die Fortbildungsordnung sein. Es wird eine Berufsordnung erstellt. Hier werden Aufgaben definiert, die Pflegekräfte zu erbringen haben und auch erbringen sollen. Die Pflegekammer beschäftigt sich mit Berufsethik. Sie ermöglicht eine aufstockende Haftpflichtversicherung für die Mitglieder der Pflegekammer, also für alle Pflegefachkräfte. Das heißt, wenn die Haftpflichtversicherung, die der Arbeitgeber bzw. der Dienstgeber oder der Träger zur Verfügung stellt, nicht ausreichen würde, um einen eingetretenen Schaden zu begleichen, dann würde die Pflegekammer einspringen und das Defizit übernehmen. Die Pflegekammer vertritt auch Mitglieder bei einem Rechtsstreit. Zudem organisiert sie natürlich auch Events, wie etwa den rheinland-pfälzischen Pflegetag. Dieser hat mittlerweile schon zweimal stattgefunden. Der nächste ist für Herbst nächsten Jahres in Planung. Auf dem Pflegetag trifft sich Pflege in geballter Form. Es findet dort Fortbildung in Form von Workshops und Vorträgen für über 1000 Menschen statt.

Elisabeth Scharfenberg: Es schreien ja nicht alle „Hurra!" beim Thema Pflegekammer. Es gibt auch Pflegekräfte, die sagen: „Ich will kein Zwangsmitglied sein!"

Wie begegnen Sie denen? Im Grunde genommen handelt es sich ja um eine Pflichtmitgliedschaft.

Birgit Hansen: *Ja, es ist eine Pflichtmitgliedschaft und es kostet Geld. Der Beitrag ist der Punkt, der manchem nicht passt. Ich glaube, dass die Pflichtmitgliedschaft nicht so schlimm wäre, wenn sie kein Geld kosten würde. Und ja, es gibt ja auch die kritischen Stimmen. Das ist verständlich. Es hat sich ja immer noch nicht allzu viel verbessert. Aber es ist schlicht unmöglich, dass das, was in 60 Jahren falsch gelaufen ist, in drei Monaten korrigiert werden kann. Vieles ist extrem langwierig. Man muss zum Beispiel in die politischen Köpfe dringen. Man muss die Dinge erst einmal in Bewegung setzen. Man muss die Missstände thematisieren. Und damit sind die Missstände ja noch immer nicht behoben. All das ist ein mühsamer Prozess. Es reicht nicht, wenn man das nur einmal macht. Außerdem sind wir ja zunächst mal eine Landespflegekammer. Darum können wir ja im Moment nur auf Landesebene handeln. Um wirklich bundesweit etwas zu verbessern, müssen wir aber auf Bundesebene in Form einer Bundespflegekammer agieren können. Das ist längst überfällig.*

Klar muss sein: Eine starke Interessenvertretung gibt es nicht zum Nulltarif. Für eine Fachkraft, die zu 100 Prozent beschäftigt ist, kostet der Beitrag 33 Cent am Tag. Eine Zigarette ist teurer. Das heißt, ich gebe für überflüssige bis sinnlose Sachen teilweise mehr Geld aus als für eine Pflegekammer, die mich in meinem Beruf stark macht, die meine Interessen vertritt. Das muss man sich mal überlegen.

Elisabeth Scharfenberg: Die meisten Pflegefachkräfte sind gemeldet und zahlen ihren Mitgliedsbeitrag?

Birgit Hansen: *Ja. Da gibt es auch Skeptiker, die sehr, sehr kritisch auf alles schauen. Das ist gut so. Ich bin der Überzeugung, dass sich gerade einiges bewegt und verbessert. Da ist schon was ins Rollen gekommen. Politiker nennen bei all ihren Zukunftsplänen mit an erster Stelle das Thema Pflege. Das rührt nicht nur daher, dass ein Krankenpflegeschüler im zweiten Ausbildungsjahr die Bundeskanzlerin Merkel bei einer Wahlkampfveranstaltung in Verlegenheit gebracht hat. Nein, das ist auch ein Erfolg der Pflegekammer, indem sie immer wieder die Dinge benennt. Dadurch nimmt sie Einfluss. Sie legt den Finger in offene Wunden und zwar immer wieder. Die Pflegekammer kämpft für bessere Arbeitsbedingungen, für valide Stellenschlüssel. und zwar gleiche in allen Bundesländern. Es kann ja nicht sein, dass ein alter Mensch in Thüringen oder in Mecklenburg-Vorpommern ein geringeres Recht auf eine gute Versorgung hat als jemand in Nordrhein-Westfalen. Dort sind die höchsten Pflegesätze und in den östlichen Ländern die geringsten. Das macht unter Umständen zwei Vollzeitstellen aus. Das finde ich unglaublich!*

Pflege gehört endlich mit an die Verhandlungstische. Der Vorstand der Pflegekammer sitzt in Gremien an Runden Tischen und ist überall dort beteiligt, wo es um Pflege geht, und zwar erstmals in der Geschichte der Pflege. Vorher war es so, dass über Pflege verhandelt, gesprochen und entschieden worden ist, ohne dass die Pflege selbst am Tisch saß. Das kann doch nicht sein. Die Pflegekammer und deren Vorstand sind permanent im Gespräch mit allen möglichen Personen des öffentlichen und politischen Lebens. Es werden unzählige Presseerklärungen herausgegeben. Man ist immer dran am aktuellen pflegepolitischen Geschehen. Die Pflegekammer greift unermüdlich genau diese Dinge auf und weist darauf hin: Hey Leute, so geht das nicht!

Elisabeth Scharfenberg: Aber letztendlich kann es einer alleine nicht richten. Denn die Pflegekammer ist ja für Tarifverhandlungen zum Beispiel nicht zuständig.

Birgit Hansen: *Nein, das sind wir nicht. Das wurde uns ja von Gewerkschaften immer wieder vorgeworfen. Wir dürften ja noch nicht mal für bessere Vergütung kämpfen. Aber genau das ist doch auch gar nicht unsere Aufgabe. Dafür gibt es die Gewerkschaft. Dafür brauchen wir die auch mit im Boot. Mitarbeiterinnen und Mitarbeiter, die in der Pflege diese schwere Arbeit leisten, verdienen eine faire und gute Bezahlung. Das heißt, wir brauchen Tariflohn für alle. Und wir alle sollten Einfluss nehmen, wo immer es möglich ist.*

In diesem Interview wird deutlich, dass eine Pflegekammer durchaus eine Bereicherung für die Pflegekräfte und somit die Pflege sein kann. Spannend ist die immer währende Diskussion um die leidigen Mitgliedsbeiträge. Da geht es der Pflegekammer nicht anders als ver.di. Die „Geiz ist geil"- Mentalität findet sich auch hier wieder. Viel bekommen für wenig Geld. Das funktioniert vielleicht in billigen Discountern bei der Pflege aber nicht. Eine verlässliche und gut strukturierte Vertretung braucht eine entsprechende Mitgliederbasis, aber eben auch einen finanziellen Background. Sicherlich sollte die Gewerkschaft ebenso wie die Pflegekammer noch deutlicher machen, worin genau der Mehrwert einer Mitgliedschaft liegt und warum sich Mitgliedsbeiträge eben auch wirklich ganz persönlich lohnen.

Die Bewegung „Walk of Care" will sich nicht auf Politik, auf Gewerkschaft und auch nicht auf die Pflegekammer verlassen. Sie haben beschlossen, selbst Verantwortung zu übernehmen und nicht darauf zu warten, dass jemand die Probleme für sie löst. „Walk of Care" steht für die eigenständige Entwicklung von Ideen, die im Arbeitsalltag umgesetzt werden. Die Bewegung ist pflegepolitisch wie auch pflegekulturell engagiert. Ihr Ziel ist es, zu einem Imagewandel und zur Veränderung der Arbeitsbedingungen in der Pflege beizutragen.

Walk of Care

Walk of Care ist eine ca. 20 bis 30-Köpfige Gruppe, die stets offen für Interessierte und Fans der Pflege ist. Sie alle sind zwischen 3 und 83 Jahren und haben viel Spaß an ihrem Beruf!

WALK OF CARE

Den Weg der Pflege in die Zukunft mitgestalten

„Wir sind eine Gruppe junger Pflegeazubis und examinierter Pflegekräfte, die sich im Oktober 2016 zusammengeschlossen haben, damit wir EUCH, unsere Familien und auch Menschen in Zukunft gut pflegen können. Organisiert sind wir als Berliner Pflegestammtisch, der sich regelmäßig zum Austausch und zur Vernetzung verschiedener Initiativen trifft. Im August 2018 haben wir den gemeinnützigen Verein PflegeKultur Ankurbeln e. V. gegründet.

Pflegekonferenz statt Streik

Anfang 2016 haben die Auszubildenden am biz Bildungszentrum der DRK Schwesternschaft Berlin e. V. beschlossen, in den Streik zu treten. Die praktische Ausbildung kann unter den derzeitigen Bedingungen nur unter einer hohen Belastung einzelner Praxisanleiter, zwischen Tür und Angel der Dienste und unter hohem Zeitdruck stattfinden. Das stetige Gefühl, die Pflegenden der Stationen zusätzlich zu belasten, Stresspuffer zu sein zwischen Personal und Patient und

Meckern war gestern, Machen ist heute!

Walk of Care

doch irgendwie zukünftige Kollegen ganz nach dem Motto: „Na, kommst du nach deinem Examen zu uns?", weckte in uns das Bedürfnis, uns auszutauschen und nach Ideen und Lösungen zu suchen, damit uns der Spaß und die Freude am Beruf nicht schon während der Ausbildung vergeht. Statt zu streiken haben wir mit einem Orga-Team aus Azubis eine Pflegekonferenz am Bildungszentrum organisiert, in dem ein ganzer Tag „von Schülern für Schüler" gestaltet wurde. Der Tag hatte für uns was Revolutionäres – Meckern war gestern, Machen ist heute! Wir wollten uns berlinweit vernetzen und so ist der Berliner Pflegestammtisch entstanden. Auszubildende und Vertreter vieler Berliner Pflegeschulen kamen dazu und schnell stand fest: Wir veranstalten am 12. Mai 2017 den Walk of Care – eine Demonstration *für* menschwürdige Pflege.

Unsere Motivation den Walk of Care zu starten

Uns liegt sehr viel an unseren Pflegeberufen und wir haben beschlossen, die Verantwortung für die Weiterentwicklung nicht an andere abzugeben oder darauf zu warten, dass die Politik und die Gesellschaft den Handlungsbedarf erkennen und Ideen entwickeln, die dann in unserem beruflichen Alltag umgesetzt werden. Also haben wir entschieden, uns zu organisieren, selbst Ideen zu sammeln, zu entwickeln und sowohl pflegepolitisch als auch pflegekulturell aktiv zu werden, um zu einem Imagewandel und einer Veränderung der Arbeitsbedingungen der Pflegeberufe beizutragen.

Unser Thema in der Pflege

Wir möchten sowohl jungen Menschen als auch erfahrenen Kollegen einen Freiraum geben, in dem sie sich entfalten können, damit wir gemeinsam unser Berufsbild weiterentwickeln können und Ideen sammeln, wie wir in Zukunft wieder mehr Kollegen werden, die gesund und gerne zusammenarbeiten und menschenwürdige Pflege für die vielen Patienten gewährleisten können. Menschenwürde – ein Wort, das schnell gesagt wird. Doch wir alle wissen, wie schnell Ethik, Kommunikation und Wertschätzung in Stresssituationen vergessen werden. Umso wichtiger ist uns unser eigener Anspruch und das Hochhalten unserer Ideale. Und wir geben so schnell nicht auf!

„Pflege ist stark" – wie wir dazu beitragen

Wir organisieren regelmäßig Veranstaltungen verschiedener Art, allen voran die Demonstration am 12. Mai – dem internationalen Tag der Pflegenden –, an dem wir unseren Beruf feiern und uns stolz auf Berlins Straßen zeigen. Mit Kundgebungen, Musikbeiträgen und großen Bannern positionieren wir uns auch politisch und schaffen uns unsere eigene Lobby. Pflege kommt so immer wieder ins Gespräch. Auch über Berlin hinaus. Denn im letzten Jahr gab es bereits in Stuttgart und Dresden kleine Veranstaltungen, die an den Walk of Care angelehnt waren. Außerdem haben wir einen Health Slam veranstaltet, um verschiedenen Pflegekünstlern mit ihren Texten eine Bühne zu geben und die Kulturarbeit in der Pflege zu stärken. Wir besuchen deutschlandweit verschiedene Veranstaltungen, werden auf Kongresse eingeladen, um Vorträge oder Workshops zu halten, und wir merken, wie unser Ansatz für viele Menschen zwar etwas ungewöhnlich, aber sehr willkommen ist. Unser Ziel ist es, die ganze Gesellschaft wissen zu lassen, dass die Pflege nicht mehr länger schweigt, sondern aufsteht und den Weg der Pflege in die Zukunft mitgestalten will.

Macht der Walk of Care die Pflege ein Stück besser?

Der Walk of Care öffnet der Pflege die Tore zu einer jungen Generation, die gerne selbstbestimmt, selbstorganisiert und sinnstiftend arbeiten und leben möchte. Wir vermeiden starre Strukturen, üben uns stetig in Spontaneität und dem Upcycling-Gedanken - also die Dinge, die es bereits gibt, zu nutzen, um sie in etwas Neues zu verwandeln. Es arbeiten so viele Menschen in der Pflege, jeder Mensch hat ein Talent und es wird Zeit, dass wir diese Potenziale entfalten und nutzen, um uns den Herausforderungen zu stellen.

Neu am Walk of Care ist ...

Neu am Walk of Care ist unsere „Es muss nicht alles perfekt sein"- Attitüde, die auf jeden Fall dazu beträgt, dass die Organisatoren und das ganze Team eine Menge Spaß an den Vorbereitungen der Demo haben. Außerdem entstehen so am Ende eines Projekts oft andere Lösungen, als ursprünglich erwartet. Das erweist sich oft als Vorteil, da so die Kreativität der Lösungen erhalten bleibt.

Wir machen wir die Pflege fit für morgen

Wir möchten uns kritisch mit unserer eigenen Haltung auseinandersetzen, um den Beruf noch eine lange Zeit gesund ausüben zu können. Außerdem liegt uns viel an einem wertschätzenden Umgang miteinander, um die Negativspiralen im Gesundheitssystem zu brechen und Krankenhäuser und Altenheime in Orte der Genesung, Heilung oder der letzten Ruhe zu transformieren."

Eine weitere Bewegung ist der Verein „Pflege in Bewegung e.V." Dieser Verein trägt seine Expertise der Pflegepraxis in die Politik. Auch dies ist eine Form des Lobbyismus. Die Mitglieder organisieren Kundgebungen, wie zum Beispiel am Tag der Pflege am 12. Mai 2017 am Brandenburger Tor in Berlin. „Pflege in Bewegung" klopft an die Türen der Politikerinnen und Politiker und trägt somit aktiv die Pflegekrise in die Bundestagbüros. Die Mitglieder stellen die Politik direkt. Im Mai 2018 erschien die Streitschrift „bewegt euch!" im Mabuse-Verlag. Darin werden Themen wie Ethik, Haltung, Sprache, Würde und der pflegerische Blick beleuchtet. Dokumentationspflicht, strukturelle Gewalt, die Auswirkungen der Pflegestärkungsgesetze und Erfahrungsberichte aus dem Pflegealltag von Hilfskräften und pflegenden Angehörigen finden Raum. „Pflege in Bewegung" will aber mehr als nur beschreiben und benennen. Ihr geht es darum, eine Anleitung auch für die Politik zu geben, damit wir uns alle jetzt auf einen Weg zu einer würdevollen Pflege machen.

Ist die Altenpflege stark?

„Die pflegerische Versorgung von pflegebedürftigen Menschen ist eine anspruchsvolle, täglich aufs Neue herausfordernde Tätigkeit, die auch situatives Handeln erfordert. Situatives Handeln kann aber niemals nur aus einer irgendwie gearteten Erfahrung heraus stark werden, denn sie bleibt sonst dem Zufall überlassen. Es erfordert ebenso theoretisches Wissen und das praktische Know-how einer fundierten Ausbildung. Im besten Falle kommen hierzu noch die persönliche Eignung und eine professionelle Haltung zur Pflege von Menschen hinzu. Solche starken Kollegen sind heute rar und selbst auf Leitungspositionen nur noch schwer zu finden. Eine qualitative Versorgung wird nach den neuesten wissenschaftlichen Erkenntnissen zu Recht gefordert. Die Ansprüche der Gesellschaft an die beruflich Pflegenden sind gestiegen und auch die interdisziplinäre Zusammenarbeit wird immer wichtiger.

„Eigentlich" sollen die Pflegebedürftigen aktivierend und ressourcenorientiert versorgt, deren Angehörige aktiv in den Pflegeprozess mit einbezogen und mit den relevanten Berufsgruppen, wie Ärzten und Psychologen, soll auf Augenhöhe zusammengearbeitet werden.

Unter den bestehenden Rahmenbedingungen war und ist dies aber unmöglich. Schon vor 20 Jahren wusste man, dass die Schlüssel der stationären Langzeitpflege ungefähr ein Drittel unter dem für die geforderte Leistung gemessenen Personalbedarf liegen. Man hat es ignoriert und 20 weitere Jahre munter die Anforderungen nach oben geschraubt, ohne an der dünnen Personaldecke irgendetwas zu ändern. Es wurden aus dem sowieso sehr knappen Pflegefachkraftbestand noch Tausende Mitarbeiter in Prüfbehörden abgeworben, ohne etwas an der praktischen Arbeitssituation zu verändern.

Roger Konrad

Roger Konrad, Jahrgang 1979, ist examinierter Altenpfleger und arbeitet inzwischen im psychiatrischen Bereich im Rhein-Main-Gebiet. Er ist Vorsitzender vom Verein „Pflege in Bewegung e. V." und Mitglied im Verband für anthroposophische Pflege (VfAP). Darüber hinaus ist er Mitglied im Deutschen Berufsverband für Pflegeberufe (DBfK), in der Gewerkschaft Komba und freiwilliges Mitglied der Pflegekammer Rheinland-Pfalz. Seine Mitgliedschaft bei ver.di kündigte er kürzlich, da sich diese nach wie vor gegen eine Pflegekammer positioniert.

Man muss kein Genie sein, um ableiten zu können, dass aufgrund des Zeit- und Kostendrucks und des sich weiter verschärfenden Personalmangels die pflegerische Versorgung und Betreuung in einem immer kleiner werdenden Zeitfenster stattfinden muss.

Daran ändert auch der aktuelle Trend nichts, dass man mit immer kreativeren Ideen, wie dem vermehrten Einsatz von ungelernten oder angelernten Hilfs- und Betreuungskräften oder mit Anwerbung von Pflegepersonal aus dem Ausland, versucht, den täglich näher rückenden Kollaps aufzuhalten.

Im Laufe der Jahre wurde der Zeit- und Kostendruck immer spürbarer, während die qualitativen Ansprüche immer höher geschraubt wurden. Und so haben wir uns inzwischen von der Bezugspflege zunehmend verabschiedet, obwohl diese gerade in der Altenpflege zum Beziehungsaufbau dazugehört. Wir schreiben Bezugspflege in unsere Konzepte, aber taylorisieren unsere Arbeit immer weiter.

Die Politik hofft immer noch verzweifelt, dass „jeder pflegen kann" , die Kostenträger fingen immer kreativer an, den Zeitdruck in der Altenpflege zu erhöhen und die Pflegeanbieter in den Pflegesatzverhandlungen geschickt gegeneinander auszuspielen, um Kosten zu sparen.

Dort, wo jede Hand fehlt, werden Stellen für Qualitätsmanagement geschaffen, dabei lässt man eine der elementarsten Anforderungen des Qualitätsmanagements, nämlich die Bereitstellung der benötigten Ressourcen, völlig außen vor.

Die im Wettbewerb stehenden Pflegeanbieter der unterschiedlichen Träger haben sich diesem Kostendruck immer mehr unterworfen und den Druck nach unten, an die Pflegebasis, weitergegeben. Dies funktionierte nicht zuletzt, weil sich auch die Politik aus der Verantwortung gestohlen hat. Während in der Krankenpflege die politische Finanzierung auf Landesebene deutlich spürbar zurückgefahren wurde, hat man sich im Bereich der Altenpflege zurückgelehnt und sich hinter der Frage der ungeklärten Zuständigkeit und den Kostenträgern versteckt, die durch die mehr als fragwürdigen Pflegenoten auch noch einen zusätzlichen Druck auf die Pflegeanbieter aufbauen konnten.

Marcus Jogerst-Ratzka

Marcus Jogerst-Ratzka ist ausgebildeter Krankenpfleger, Gründer einer stationären Pflegeeinrichtung und stellvertretender Vorsitzender bei dem gemeinnützigen Verein „Pflege in Bewegung". Er setzt sich für eine Besserstellung der professionellen Pflege bei Personalschlüsseln und Bezahlung ein.

„Wir wollen eine Anleitung, auch für die Politik geben, damit wir uns jetzt auf einen Weg zu einer würdevollen Pflege machen."

Pflege in Bewegung

Der demografische Wandel wurde zu lange ebenso ignoriert wie die unzureichende Refinanzierung und die strukturelle Gewalt. Die Pflegeanbieter haben sich mit Imagebroschüren nach außen positiv dargestellt und sich darüber hinaus mit QM-Zertifikaten nach DIN ISO „sowieso" und einer ausgefeilten Pflegedokumentation rechtlich abgesichert, um wettbewerbsfähig zu bleiben. Die Kostenträger konnten mit den überwiegend sehr guten Pflegenoten nach außen belegen, dass in Deutschland gute Pflege möglich ist, und die alltäglichen Pflegeprobleme und Versorgungsdefizite wurden somit zu einem persönlichen Problem der Beschäftigten.

Frei nach dem Motto: Wer es nicht schafft, gut zu pflegen, der ist selbst schuld, denn alle anderen schaffen es ja auch.

Die Möglichkeiten, sich als Einzelner dagegen zur Wehr zu setzen, sind äußerst beschränkt. Denn auch wenn der § 612a im BGB Arbeitgebern ein Maßregelungsverbot ausspricht, wenn Mitarbeiter ihrer beruflichen Pflicht nachkommen, gab und gibt es innerbetrieblich immer wieder sogenannte Einzelfälle, in denen die kritischen Mitarbeiter zu Nestbeschmutzern degradiert oder unter Druck gesetzt wurden, sodass sie meist mit dem Rücken zur Wand und auf sich alleine gestellt dastehen.

Die Qual der Wahl sieht deshalb landauf landab überwiegend so aus: Entweder Pflegekräfte funktionieren wie alle anderen, oder sie suchen sich besser einen anderen Arbeitgeber. Schließlich jammern diese Pflegekräfte ja auf hohem Niveau …

Trägerstruktur verhindert Mitgestaltung

Gerade in der Altenpflege-Landschaft ist der gewerkschaftliche Organisationsgrad niedrig, aber wenn wir die vielseitige Trägerstruktur berücksichtigen, wird das sogar verständlich.

Einige wenige Einrichtungen unterliegen dem öffentlichen Dienst, wo es Tarifverträge, Betriebsräte und somit die Möglichkeit der innerbetrieblichen Mitbestimmung und ein Streikrecht gibt. In kirchlichen Einrichtungen gibt es sogenannte Arbeitsvertragsrichtlinien und Mitarbeitervertretungen mit reduzierten Mitgestaltungsmöglichkeiten, aber ohne Streikrecht. Und in den privaten Einrichtungen gibt es oftmals keine Tarifverträge, keine Mitarbeitervertretungen und wenig bis keine innerbetrieblichen Mitgestaltungsmöglichkeiten und auch kein Streikrecht.

Altenpflege ist …

Stark! Denn trotz der oben beschriebenen und der wirklich kafkaesken Situation, unter der Pflege heute stattfindet, haben die Pflegekräfte in der Altenpflege bisher einen größeren Schaden von der Gesellschaft und Bedürftigen abgewendet. Sie kompensierten eine fehlgeleitete und mutlose Politik mit ihrem täglichen Einsatz, mit horrenden Überstunden, mit einem fast schon stoischen Durchhaltewillen und Raubbau an ihrer Gesundheit und an ihrem Privatleben.

Dieser Raubbau an den persönlichen Ressourcen der in der Altenpflege Beschäftigten ist nicht mehr tragfähig. Wie der Bundesgesundheitsminister richtig feststellt, gibt es in der Pflege eine tiefe Vertrauenskrise und die Situation wird immer gefährlicher. Deshalb wurde es höchste Zeit für eine

#Pflewegung

Aus den oben genannten Gründen haben wir am 24. September 2016 den Verein „Pflege in Bewegung e. V." gegründet und werden nicht müde, unsere Expertise der Pflegepraxis in die Politik zu tragen. Im besten Sinne machen wir in unserer sehr knappen Freizeit ehrenamtliche Lobbyarbeit für die Pflege. Nach dem Abschluss der Aktionskampagne „bundesweite Gefährdungsanzeige" haben wir am 12. Mai 2017 in Berlin am Brandenburger Tor erstmals unser Strategie-Papier für eine „Highroad Pflege in Deutschland" der Öffentlichkeit vorgestellt, in dem es um nachhaltige Lösungsansätze für eine würdevolle Zukunft der Pflege geht.

Im Herbst 2017 haben wir verschiedenen Politikerinnen und Politikern der relevanten Parteien einen Brandbrief zur zeitnahen Beseitigung des Fachkraft- und Personalmangels und zur Abwendung der Pflegekrise zukommen lassen.

Und im Mai 2018 haben wir mit der Streitschrift „bewegt euch!" im Mabuse-Verlag eine weitere Diskussionsgrundlage geliefert, mit der wir relevante Themen wie Ethik, Haltung, Sprache, Würde und den pflegerischen Blick beleuchten, aber auch die Dokumentationspflicht, strukturelle Gewalt, die Auswirkungen der sogenannten Pflegestärkungsgesetze analysieren und Erfahrungsberichte aus dem Pflegealltag von Hilfskräften und pflegenden Angehörigen schildern. Abgerundet wird das Themenfeld mit einer Anleitung für jede/n Einzelnen und die politischen Entscheidungsträger, damit wir uns jetzt auf den Weg zu einer würdevollen Pflege machen.

Pflege ist ein gesellschaftlicher Wert und deshalb ist es eine gesamtgesellschaftliche Gestaltungsaufgabe, die Pflege stark werden zu lassen und ihr die Würde zurückzugeben.

Das heißt aber auch, dass wir nicht einfach mit Aktionismus alle möglichen Menschen in den Beruf drängen und auf fragwürdige Qualifizierungsmaßnahmen setzen sollten, sondern dass wir uns auch gut überlegen sollten, welche Anforderungen an das Personal zu stellen sind. Im Sinne einer würdevollen Pflege mit Bezugspflege und der damit verbundenen Beziehungsgestaltung ist neben einem Mindestmaß an Sprachverständnis deshalb auch die Haltung der Pflegenden zum Beruf maßgeblich zu berücksichtigen. Herz und Mut reichen nämlich bei weitem nicht aus, um der hohen Verantwortung gerecht zu werden. Neben Fachlichkeit braucht es also ganz dringend Menschen mit Interesse und Begeisterungsfähigkeit, die adäquat qualifiziert werden, damit sie nicht nur die richtige Haltung, sondern auch eine persönliche Qualifikation für den Beruf mitbringen."

Zur Pflegekammer, den Pflegebewegungen sowie auch ver.di gesellt sich hier nun auch noch der Bochumer Bund. Er möchte ein Sammelbecken für all jene sein, die sich in den bisherigen Berufsverbänden, Interessengruppen und bei ver.di nicht zu Hause fühlen.

Dem Bochumer Bund ist dabei klar, dass die Organisationslandschaft in der Pflege alles andere als an einem Strang zieht. Er will eine eigene Pflegegewerkschaft etablieren. Dieser Ruf ging in den vergangenen Jahren immer wieder durch die Medien. Die Errichtung von Landespflegekammern und einer Bundespflegekammer sieht der Bochumer Bund sehr positiv. 2017 gegründet, ist der Bochumer Bund im Verhältnis zu etablierten Gewerkschaften ein noch sehr junges Bündnis. Wir sind sehr gespannt, wie sich dieses Bündnis weiterentwickeln wird.

BOCHUMER BUND

Die Pflege braucht eine eigene Gewerkschaft

„Der Bochumer Bund wurde im April 2017 von Pflegestudierenden der Hochschule für Gesundheit Bochum gegründet. Im Rahmen einer thematischen Auseinandersetzung mit dem Überangebot von Berufsverbänden, Interessensvertretungen, Vereinen und ver.di als aktueller gewerkschaftlicher Vertretung wurde schnell klar, dass es an einer Organisation fehlt, die nicht nur eine Fachrichtung oder ein Themenfeld bearbeitet, sondern pflegerisch multiprofessionell breit aufgestellt ist.

Die Zersplitterung der Pflegekräfte auf die vielen Einzelorganisationen sehen wir als einen Grund dafür, dass die Berufsgruppe in der öffentlichen Debatte und auch in den Entscheidungsgremien nicht wahrgenommen wird. Wir haben festgestellt, dass zwar die einzelnen Organisationen in ihrem jeweiligen Gebiet Einfluss und Expertise besitzen, aber dass es in der Summe keine Vertretung mit einem wirklich nennenswerten politischen Gewicht gibt. Das primäre Ziel des Bochumer Bunds ist es, eine eigene und unabhängige starke Pflegegewerkschaft zu integrieren. Neben der Einrichtung einer Gewerkschaft ist es uns ein Anliegen, eine berufspolitische Organisation zu schaffen, an die sich Pflegende mit all ihren Interessen, Problemen, Anregungen und ihremEngagement wenden können. Dazu können Hilfsangebote, Selbsthilfegruppen, Fortbildungen und juristische Unterstützung gehören. Wir denken dabei auch an eine Absicherung von ehemaligen Pflegekräften und jenen, die aufgrund ihrer gesundheitlichen Situation nicht mehr in der Lage sind, ihren Beruf auszuüben. Bei alldem bleibt das Kernthema jedoch, die Arbeitssituation von Pflegekräften in den verschiedenen Einrichtungen zu optimieren sowie die erreichten Standards zu halten. Um dorthin zu gelangen, ist es vonnöten, Pflegekräfte als eine große Berufsgruppe zu begreifen, die trotz der bisherigen Aufteilung in einzelne Fachbereiche eine eigenständige Profession darstellt. Daher sind auch Einrichtungen wie die Pflegekammern in den einzelnen Ländern als auch eine Bundespflegekammer ein wichtiger Schritt für ein neues Selbstwert- und Gemeinschaftsgefühl der Pflegekräfte. Auch die voranschreitende Akademisierung der Pflege in Kombination mit einer Generalisierung der Ausbildungssituation sehen wir als Meilenstein in der Entwicklung einer modernen Alten- und Krankenpflege. Unsere Offenheit gegenüber Modernisierungen ist einer der Faktoren, die uns von anderen Vertretungen unterscheiden. Ebenso sehen wir es als unabdingbar, Pflegeexperten dort zu platzieren, wo Entscheidungen mit pflegerischem und medizinischem Bezug getroffen werden. Bisher ist es die Regel, dass

Benjamin Jäger

Benjamin Jäger ist Gründungsmitglied und Vorsitzender des Bochumer Bundes.

Als staatl. geprüfter Sozialhelfer arbeitete er im Bereich „Menschen mit Behinderungen“ und verschiedenen Altenpflegeeinrichtungen. Benjamin Jäger hat sich viele Jahre politisch ehrenamtlich in Nordrhein-Westfalen engagiert. Aktuell absolviert er das Studium „Pflege“ an der Hochschule für Gesundheit Bochum mit dem Schwerpunkt Gesundheits- und Krankenpflege.

> **Unser großes Ziel ist es, eine eigene Pflegegewerkschaft einzurichten.**
>
> *Bochumer Bund*

zwar über Pflege geredet wird, aber nicht mit der Pflege. Unsere Zielgruppe sind alle professionell Pflegenden und solche, die sich noch in Ausbildung und/oder Studium befinden. Aber auch die Einbeziehung von pflegenden Angehörigen ist in Zukunft denkbar. Wir wollen auch ein Sammelbecken für all jene sein, die sich in den bisherigen Berufsverbänden, Interessengruppen und bei ver.di nicht zu Hause fühlen. Das ist gegenwärtig der Großteil der Kolleginnen und Kollegen. Darüber hinaus wollen wir dazu beitragen, dass sich Pflegekräfte wieder bewusst werden, dass es um ihre eigene berufliche Existenz und die Existenz des Berufs selbst geht, wenn sie sich politisch engagieren.

Unser bisheriges Wirkungsfeld umfasst vor allem den direkten Kontakt zu professionell Pflegenden in den Einrichtungen, wie auch über die sozialen Netzwerke. Der Bochumer Bund ist mittlerweile bundesweit vertreten und plant, in nächster Zukunft auch regionale und landesweite Gruppen auszubauen. Dazu gehören dann auch öffentlichkeitswirksame Aktionen, die die Pflege weiterhin in den Fokus der aktuellen Gesundheitspolitik rücken."

Wir nehmen unsere Geschicke selbst in die Hand!

Dieser Ausschnitt aus der Vielfalt der Möglichkeiten, sich zu engagieren – sei es gewerkschaftlich, in der Kammer oder eben auch ganz anders in den unterschiedlichen Bewegungen oder einem Open Space wie dem Aktivcamp Pflege – zeigt: Pflege ist stark. Sie ist auch laut, bunt und kreativ. Pflegekräfte, die sich so aktiv einbringen, machen deutlich „So wollen wir nicht weitermachen! Wir nehmen unsere Geschicke selbst in die Hand!" Diese Pflegekräfte wollen sich nicht alleine auf Politik verlassen. Sie wollen die Politik begleiten, beraten und informieren. Aber sie machen auch öffentlich, woran genau es krankt und wo sie der Politik ihre Sonntagsreden nicht durchgehen lassen. Damit übernehmen sie aber auch Verantwortung und lehnen eine passive und ertragende

Rolle ganz klar ab. Es ist gut, dass ver.di und die Pflegekammer sich gegenseitig als Ergänzung wahrnehmen. Immer wieder wird auch von dem Dreiklang Gewerkschaft, Kammer und Berufsverbände gesprochen. Das sehen wir genauso. Alle drei haben ihre Aufgabe. In Kombination und Austausch mit den anderen wird eine ganzheitliche Vertretung daraus. Es ist aber noch viel Raum für Pflege-AktivistInnen und Bewegungen, die noch mal viel freier und ohne einen Verbandshintergrund vorgehen können. Und dann wären da noch die sozialen Medien, die ein wahres Eldorado für Diskussionen und Austausch sind. Leider erleben wir hier immer wieder, dass auch gerne mal die Grenzen überschritten werden. Und dies nicht unbedingt im positiven Sinne. Die Anonymität gibt so mancher Pflegekraft den Schutz, mal richtig vom Leisten zu ziehen. Zudem sind viele Online-Debatten sehr problem- und wenig lösungsorientiert. Wir haben eine große Sympathie für die Bewegungen, die analog auf die Straße gehen und für eine bessere Pflege ihre Stimme erheben. So bewegt man sich auch heraus aus der eigenen „Bubble“ und hinein in die Gesellschaft. Und genau da, so finden wir, gehören das Thema Pflege und der Pflegenotstand hin: mitten hinein in unser Gesellschaft.

KAPITEL 8

STARKE PFLEGE – FIT FÜR MORGEN

Verbesserungen, die die Politik anstößt, werden erst in einigen Jahren greifen. Schuldzuweisungen, kollektives Jammern oder das Resignieren in der Opferrolle werden den Status Quo nur zementieren. Es hilft nicht, sich hinter den Strukturen zu verstecken. Wer etwas ändern will, muss unter den derzeitigen Rahmenbedingungen gute Lösungen entwickeln. Gleichzeitig gibt es Entwicklungen in der Arbeitswelt, die auch die Pflege verändern werden. Sie bieten neue Anforderungen und Aufgaben, aber auch Chancen. Gemeint ist hier das große Thema Digitalisierung.

Digitalisierung wabert derzeit geradezu durch alle möglichen Bereiche und Arbeitsfelder. Das geht natürlich auch nicht an der Pflege vorbei. Auf uns kommt also die „Pflege 4.0“ zu. Und die wird heiß diskutiert. Auch hier erleben wir in den sozialen Medien, Facebook allen voran, oftmals emotional aufgeheizte Debatten. Digitalisierung wird reduziert auf humanoide Roboter, die den Pflegekräften ihre Arbeit wegnehmen und mit Kälte und Unnahbarkeit Menschen wie am Fließband pflegen und versorgen. „Pflege ohne den Menschen, das geht doch nicht!“, heißt es da leidenschaftlich. Und ja, genau das stimmt. Ohne den Menschen, ohne Pflegekräfte geht es nicht in der Pflege. Und es ist ja auch nicht Ziel, durch eine Digitalisierung Pflege zu entmenschlichen. Das Gegenteil ist der Fall.

Im privaten Umfeld gehört die digitale Welt schon seit Jahren zu unserem Leben. Kaum jemand ohne Computer, Laptop, Tablet, Handy oder Smartphone. Wo man früher auf das Fernsehprogramm angewiesen war, streamen wir nun Filme und Serien mit Netflix oder Youtube. Spotify hat den Kauf von CDs ersetzt und bei irgendwelchen Unklarheiten oder Informationslücken wird selbstverständlich Google befragt. Wir unterhalten uns mit dem Alexa Voice Service, als wäre es eine gute Bekannte. Einkaufstouren werden online gemacht, denn bei Amazon ist quasi alles erhältlich. Auch unsere Lebensmittel können wir online bestellen und liefern lassen. Kontakt zu unseren Freunden, zu unserer Familie halten wir per WhatsApp, wir telefonieren mit Facetime oder Skype. In unserer privaten Welt nutzen wir die Vorzüge der Digitalisierung schon lange und genießen sie. Das ist bei Pflegekräften nicht anders als bei anderen. Und doch, sobald es um Digitalisierung im Arbeitsfeld Pflege geht, werden Bedenken laut. Niemand käme privat auf die Idee, bei der Installierung einer digitalen Smarthome-Lösung, also zum Beispiel automatisierte Licht- und Temperatursteuerung oder Schließanlagen für die eigene Wohnung, von der Gefahr der Robotik zu sprechen. Nein, diese Lösungen werden als Unterstützung oder Energiesparmöglichkeit wahrgenommen. Und genau das sind sie ja auch und genau so sind sie auch gedacht.

Digitalisierung und Robotik in der Pflege sind eben auch genau das: Unterstützung und eine Möglichkeit, Energie gezielt und effizient einzusetzen. In Zeiten, in denen Pflegekräfte immer mehr am Limit arbeiten, sollten wir meinen, dass jede Erleichterung herzlich willkommen ist. Dem scheint aber nicht so zu sein, stattdessen dominieren die Ängste. Dabei gibt es zwischen Entmenschlichung und technischer Unterstützung ein breites Feld, in dem unglaublich viel möglich ist. Das fängt bei der Dokumentation an, geht über Pflegeplanung, Dienstplangestaltung, Kommunikationsmöglichkeiten, technische Unterstützung zu Hause oder in der Einrichtung (AAL, Ambient Assisted Living), Kontrolle der Vitalzeichen, um nur einige wenige zu nennen.

Giovanni Bruno, Strategieplaner und Experte für digitale Lösungen, bringt uns die vielfältigen Möglichkeiten näher und zeigt damit auch, wie Digitalisierung die Pflege stark machen kann. Er ist der festen Überzeugung, dass Digitalisierung wieder mehr menschliche Nähe und Zuwendung in die Pflege bringt, denn sie schafft Entlastung und Zeit. Zeit, die Pflegekräfte für die oft mangelnde Zuwendung brauchen. Wie oft hören wir von Pflegekräften, dass sie kaum mehr eine Unterhaltung mit den pflegebedürftigen Menschen führen können, so sehr seien sie im Stress. Giovanni Bruno sagt ganz klar: „Die Lösung ist schon da, wir müssen sie nur umsetzen. Schritt für Schritt. Der Weg ist hier das Ziel."

GIOVANNI BRUNO

Menschlichkeit in der Pflege versus Digitalisierung – ein Gegensatz?

Vom Wirtschaftswissenschaftler zum digitalen Strategieberater

„Mit Wirtschaftswissenschaften und Psychologie habe ich zwei ziemlich konträre Fächer studiert, das Internet war „nebenbei" schon immer mein größtes Hobby. Im Laufe der Jahre erlebte ich das Thema Alter innerhalb meiner Familie und meinen persönlichen Umfeldes und die damit einhergehenden Fragen: Wer pflegt wen? Wo und wie soll gepflegt werden? Wer bezahlt das? Was bedeutet Pflege eigentlich?

Ich merkte recht schnell, dass die Branche es in sich hat: Für Arbeitgeber hagelt es oftmals negative Reputation, Pflegefachkräfte arbeiten unter teils unwürdigen Bedingungen und Patientenvorfälle häufen sich in den Tagesmedien. Als langjähriger Strategieberater für digitale Kommunikation erkannte ich die Herausforderungen der Branche und suchte gemeinsam mit meinem Team weitere Gründungspartner, um digitale Lösungen für die Pflege zu entwickeln, z. B. für die Bereiche der Rekrutierung, Dokumentation oder der internen Unternehmenskommunikation. Kurzerhand schlossen wir uns mit einer führenden Kommunikationsagentur aus der Pflegewirtschaft zusammen und gründeten die Agentur „fokus digital GmbH", die heute für den Gesundheits- und Pflegemarkt digitale Lösungsstrategien entwickelt. Wir helfen Unternehmen bei der Implementierung von „digitalen Hilfsmitteln" im Unternehmen. Das fängt beim digitalen Arbeitgeberprofil und der Reputation an und hört bei der Social Media-Ansprache von potenziellen Fachkräften noch nicht auf. Digitale Hilfsmittel sind ebenso technologische Hilfsmittel, etwa automatisiert erstellte Personalpläne oder automatisierte Tablettenboxen mit Gesichtserkennung und SMS- und E-Mail-Reminder für Angehörige.

Giovanni Bruno

Giovanni Bruno studierte Wirtschaftswissenschaften und Psychologie. Das Internet war „nebenbei" sein größtes Hobby. Innerhalb seiner Familie erlebte er das Thema Altern. Ihm wurde schnell klar, dass der Bereich Pflege ein sehr spannender war. Giovanni Bruno gründete die Agentur „fokus digital GmbH", die heute für die Gesundheits- und Pflegebranche digitale Lösungsstrategien entwickelt. Darüber hinaus nimmt er als Dozent und Referent an verschiedenen Akademie-Programmen teil und unterstützt Entscheidungsträger in der Pflege bei digitalen Fragestellungen.

Die Lösung ist längst vorhanden!

Ich möchte dabei unterstützen, den Pflegesektor aus der aktuellen Sackgasse zu holen. Es ist an der Zeit, die Weichen für eine Zukunft zu stellen, in der sich sämtliche Beteiligten von den Pflegefachkräften – über die zu betreuenden alten Menschen bis hin zu deren Angehörigen – würdevoll und geborgen aufgehoben fühlen.

Gesellschaftlich, moralisch und ethisch sollten wir uns fragen, inwieweit wir es mitansehen können, dass alten und kranken Menschen nicht die verdiente Obhut, Geborgenheit und Aufmerksamkeit zukommt. Außerdem: Weshalb lassen wir es zu, dass Pflegekräfte in ihrem Beruf keine Perspektive mehr sehen und die Frustration sich wie ein Geschwür breitmacht? Wie lässt sich dieser gordische Knoten auflösen, damit die Pflegeberufe wieder zu einer erfüllenden Perspektive gelangen? Es kann nur eine Antwort geben: Entlastung! Und ich behaupte: Die Lösung ist längst vorhanden. Die Digitalisierung zahlreicher Arbeitsschritte und Prozesse steht in den Startlöchern. Sie muss lediglich akzeptiert und aktiv umgesetzt werden:

Was bedeutet Digitalisierung in der Pflege?

Zusätzliche Planstellen zu schaffen und den verpflichtenden Personalschlüssel anzuheben ist lobenswert, bleibt allerdings Makulatur mit dem Nimbus des Tropfens auf den heißen Stein. Wirkliche – und vor allem dauerhafte – Entlastung wird dadurch kaum erzielt. Der Hebel muss an anderer Stelle angesetzt werden. Auf den Prüfstand gehören die zahlreichen Tätigkeiten in der Pflege. Welche davon können von Robotik und innovativer Technologie übernommen werden, zumal es sich um regelmäßig wiederkehrende Aufgaben wie beispielsweise die Medikamentengabe handelt? Welche Aufgaben wiederum sind es, die nach der menschlichen Begegnung verlangen? Erst die Differenzierung öffnet die Augen für die Möglichkeiten.

Stellt man sich den Berufsalltag einer Pflegefachkraft vor, ist der von viel bürokratischem Aufwand geprägt. Ob stationäre oder ambulante Pflege: Sämtliche Besuche und Behandlungen müssen dokumentiert werden, so beispielsweise, ob, wann und mit welchem Ergebnis der Blutdruck gemessen wurde, wann welche Medikamente verabreicht wurden etc. Diese Dokumentation wird vielfach noch von Hand gemacht, also auf Papier geschrieben. Das anschließende Einpflegen in die Patientenakten verdoppelt den Aufwand; eine Multiplikation sowie die zügige Sortierung inklusive Nachverfolgung ist für die Pflegekräfte mit immensem Aufwand und für die Arbeitgeber somit mit hohen Kosten verbunden.

Eine Lösung ist digitale Dokumentationssoftware, mit der Pflegefachkräfte direkt während der Behandlung via Smartphone u. a. Fotos oder Vitalwerte dokumentieren können. Die Akten werden somit papierlos geführt. Sämtliche relevanten Informationen inklusive Kurvenführung, Wunddokumentation bis zu den abrechnungsrelevanten Daten und mehr werden über die digitale Schnittstelle unmittelbar ins System eingepflegt – unabhängig von Zeit und Ort. Ebenso simpel können sie auch wieder abgerufen werden. Mit entsprechenden Berechtigungen und Zugangsbeschränkungen geschützt, können auch Pflegeberichte,

Laborbefunde und vieles mehr zur Verfügung gestellt und abgerufen werden. Der Vorteil liegt auf der Hand. Nicht nur, dass der Aufwand für die Dokumentation reduziert wird. Zugleich entfällt das Suchen in und nach extern vorhandenen Daten. Die Entscheidungen der Pflegefachkräfte lassen sich direkt beim Patienten – ohne erneuten Besuch – tätigen und umsetzen. Die Dokumentation erfolgt über die Anbindung via Intranet oder verschlüsseltem Internet. Die Daten sind in jeder Sekunde auf dem aktuellsten Stand und können ortsunabhängig abgerufen werden.

Woher kommen die Bedenken zur Digitalisierung?

Die Digitalisierung im Pflegesektor steckt gerade mal in den Kinderschuhen. Schon werden diese Schuhe zu eng, obwohl sie nicht einmal vernünftig anprobiert wurden. Viele der Beteiligten ahnen, dass da etwas kommen wird, zumal es zwangsläufig kommen muss, haben allerdings Angst vor der Umsetzung. Doch weshalb? Angst vor dem Verlust des Arbeitsplatzes? Kein Grund; es gibt ohnehin zu wenig Personal. Außerdem hat schließlich gerade die Pflege eine zutiefst menschliche Komponente, auf die niemals verzichtet werden kann. Was ist es dann? Möglicherweise die Befürchtung, mit der neuen Technologie nicht standzuhalten und dabei als Arbeitskraft und Individuum auf der Strecke zu bleiben? Mag sein, durchaus nachvollziehbar und verständlich. Doch exakt an dieser Stelle zeigt sich die Notwendigkeit, die Pflegenden schrittweise an die innovativen Möglichkeiten heranzuführen und ihnen die Vorzüge für die Seniorinnen und Senioren als auch für die eigene Person zu verdeutlichen. Letztlich ist es wie immer und überall, wenn die Rede von Fortschritt ist: Angst hat man nur vor dem, was man nicht kennt. Auch das Rad wurde irgendwann mal erfunden.

Bedenken gibt es bei den Pflegekräften und Entscheidern von stationären Einrichtungen als auch ambulanten Pflegediensten durch eine weitere Fehleinschätzung: In Gesprächen treffe ich immer wieder auf den Irrglauben, die gesamte Umstellung für sämtliche denkbaren Bereiche müsse innerhalb eines einzigen großen Schritts erfolgen. Das Pflegepersonal befände sich von einer Sekunde auf die nächste in einer vollkommen anderen Arbeitswelt und wäre geradezu „orientierungslos“. Die Entscheider wüssten schon aus finanziellen Aspekten kaum, wie dieser radikale Wechsel durchführbar wäre. Das ist so aber definitiv nicht richtig und auch nicht sinnvoll.

„Die Pflege benötigt Entlastung durch Digitalisierung. Die Digitalisierung zahlreicher Arbeitsschritte und Prozesse steht in den Startlöchern. Sie muss lediglich akzeptiert und aktiv umgesetzt werden."

Giovanni Bruno

Digitalisierung – Schritt für Schritt

Eine Digitalisierung besteht aus zahlreichen unterschiedlichen Ansätzen und kann nur schrittweise erfolgen, gewissermaßen in Modulbauweise. Anders wäre der Wandel weder praktikabel noch machbar.

Um ein in sich rundum stimmiges Konzept zu installieren, ist es allerdings dringend nötig, ein solches überhaupt zu entwickeln und dann strategisch konsequent zu verfolgen. Das beginnt bei der leistungsfähigen DSL- und WLAN-Versorgung, an die sich die entsprechenden Server, PC-Arbeitsplätze und mobilen Komponenten wie Smartphones und Tablets zuverlässig anbinden lassen. Es geht über die Dokumentation via Intranet, die Einführung von pflegerisch entlastenden Hilfsmitteln und endet bei selbstfahrenden Nachtschicht-Robotern noch lange nicht. Zwingend wichtig ist es, bereits beim ersten Schritt eine definitive Vorstellung vom Endergebnis zu haben. Und bei der Umsetzung sollte das Pflegepersonal von Anfang an mit ins Boot geholt werden. Auf diese Weise erkennen die Beteiligten, wie massiv die Vorzüge überwiegen. Teilhabe schützt vor unbegründeten Ängsten.

Skepsis der Pflegebedürftigen

Weiterer Aspekt für die bisherige Ablehnung ist, dass alternde Menschen noch skeptisch gegenüber digitalen Humanoiden – dem, was wir als Roboter verstehen – sind. Arbeitsgänge, wie beispielsweise die Verabreichung von Medikamenten, werden mit einer menschlichen Begegnung assoziiert. Man kann es sich gar nicht anders vorstellen. Vor dem Hintergrund der eigenen Vergangenheit und der gelebten Jahre will man sich von dem Gewohnten und Bekannten nicht verabschieden.

Am Ende des Lebens ist es nicht einfach, die eigenen Erfahrungen und Selbstverständlichkeiten komplett zu hinterfragen. Dabei existieren bereits jetzt unzählige vorbildliche Beispiele dafür, wie künstliche Intelligenz und Robotik die Pflegekräfte entlasten und die Situation entspannen. Außerdem kann man dadurch die Patientensicherheit deutlich steigern. Ein Beispiel ist „Pepper", ein humanoider Roboter, der darauf programmiert ist, menschliche Mimik und Gestik zu analysieren und auf emotionale Zustände zu reagieren. Leicht vorstellbar, dass Pepper als digitaler „Gesundheitswächter" Angst oder auch kollabierende Zustände wie Atemnot erkennen kann und unverzüglich das Pflegepersonal zu Hilfe ruft.

Ebenfalls an diesem Beispiel ablesbar: Der Roboter macht die Pflegekräfte nicht arbeitslos. Er leistet – bei Bedarf rund um die Uhr – eine Hilfe, für die dem Personal keine Zeit bleibt. Pflegeroboter können Kranken und Alten die Medikamente, das Essen und Trinken anreichen; sie helfen beim Hinlegen oder Aufrichten aus dem Bett, alarmieren den Notdienst und vieles mehr – und das bei gleichbleibender Zuverlässigkeit.

Digitalisierung und Automatisierung erleichtern den Arbeitsalltag und machen die Pflege stark

Pflegefachkräfte sollten die Digitalisierung und Automatisierung als Arbeitserleichterung und Stärkung begreifen. Eine innovative Technologie, die ihr Bedürfnis erfüllt, sich auf den Menschen konzentrieren zu können. Denn das, was am Älterwerden wirklich bedrückend ist, ist das Alleinsein. Ein persönliches Wort, eine Unterhaltung, oder einfach mal die Hand halten und gemeinsam schweigen: Nur das kann die Antwort auf die entstehende Einsamkeit sein. Das benötigt bei stationärer und auch ambulanter Pflege – erst recht im Hospiz – schlichtweg Zeit. Für Pflegepersonal ist Zeit Mangelware. Robotik und weitere digitale Hilfsmittel entrümpeln den Arbeitsalltag von maschinell durchführbaren Arbeitsgängen und ermöglichen damit die menschlich würdevolle Begegnung auf Augenhöhe.

Es wird Zeit, aus dem „Phantom Digitalisierung" eine greifbare und nachvollziehbare Größe zu machen. Es muss aufgezeigt werden, dass Künstliche Intelligenz ein Werkzeug ist. Nicht mehr, aber ganz sicher auch nicht weniger. Solange diejenigen, die mit diesem „Werkzeug" umgehen müssen, sich nicht damit anfreunden können, spielt immer dieses unbehagliche Gefühl von Fremdbestimmtheit und Kontrollverlust mit. Hier stehen die Arbeitgeber in der Verantwortung, ihre Mitarbeiter in Kooperation mit den Anbietern der zukunftsweisenden Konzepte zu schulen und ihnen durch Informationsvermittlung die Bedenken vor dem Neuen und Unbekannten zu nehmen.

Digitalisierung schafft Freiraum für menschlich-emotionale Betreuung

Digitalisierung wird von Pflegekräften als emotionslos und nicht berechenbar assoziiert. Entspricht dieses Vorurteil der Wahrheit? Plakative Antwort: Ja, die Aussage der Emotionslosigkeit stimmt – definitiv. Künstliche Intelligenz ist ein Mittel zum Zweck. Sie tritt keinesfalls an, um menschliche Wärme zu ersetzen, das ist per se nicht ihre Aufgabe. Erst im Umkehrschluss betrachtet wird deutlich, auf welche Weise die Digitalisierung Humanität, Menschlichkeit und das menschenwürdige Leben und Erleben im Alter ermöglicht: Informations- und Kommunikationstechnologie in der „e-Pflege" ist imstande, wiederkehrende, regelmäßige Arbeitsschritte auszuführen und damit die Pflegekräfte im Arbeitsalltag zu entlasten. Resultat ist, dass ihnen für die menschliche Komponente weitaus mehr Zeit zu Verfügung steht.

Der Aspekt der „Nichtberechenbarkeit" lässt sich leicht entkräften – so dies den Pflegenden entsprechend verständlich vermittelt wird. Letztlich wäre es absurd, wenn eine Technologie, die auf Rechenmustern basiert, nicht berechenbar wäre. Digitalisierung ist zweifellos berechenbar. Ein digitales Hilfsmittel kann und wird das ausführen, was ihm zuvor per Programm nach logischem Strickmuster an die Hand gegeben wurde. Und ePflege ist nicht nur höchst berechenbar; sie kann sogar selbst berechnen, wie an diesem Beispiel deutlich wird:

Assistenzsysteme für stationäre Einrichtung oder das eigene Wohnumfeld

Bei Assistenzsystemen handelt es sich um eine Technologie, die immer weiter auf dem Vormarsch ist und kontinuierlich fortentwickelt wird. Diese Systeme ermöglichen beispielsweise mit in den Wänden, im Fußboden oder im Bett platzierten Sensoren die Überwachung von alten oder erkrankten Menschen. Sie liefern ein aussagekräftiges Abbild der Situation, in der sich der pflegebedürftige Mensch gerade befindet, schlagen jedoch bei kritischen Parametern an – dadurch ist Privatsphäre weiterhin gewährleistet. Zum Beispiel, ob und wo er steht, sitzt oder liegt, ob er möglicherweise gefallen ist, ob die Medikamente genommen wurden. Sogar die Vitalwerte lassen sich damit über Entfernungen messen. Die Sensoren sind für das Auge unsichtbar angebracht, sodass die zu pflegende Person nicht in ihrem Alltag gestört wird. Üblicherweise trägt die Person eine individuelle Sensorkarte oder ein „Digitales Pflaster" bei sich, um von den Sensoren einwandfrei identifiziert zu werden. Werden ungewöhnliche Anzeichen registriert, erfolgt ein Notrufsignal. Ein mitdenkender Fußboden – interessanter Gedanke oder?

Verwenden lassen sich diese Assistenzsysteme auch im häuslichen Umfeld, wobei nach dem Prinzip von Smart-Home-Konzepten sämtliche Funktionen von der Kaffeemaschine bis zum Schließen der Fenster gesteuert werden können. Ebenso hilfreich ist diese Technik auch bei der stationären Pflege. Sie ermöglicht den Pflegebedürftigen die ungestörtere Privatsphäre bei gleichzeitig hoher Sicherheit in Grenzsituationen. Die Pflegekräfte wiederum werden unmittelbar über auftretende Probleme informiert und können Routinekontrollen reduzieren. Hier tun sich vor allem für die ambulanten Pflegedienste außerordentliche Vorteile auf. Tatsache ist, dass Kranken- und Altenpflege in den meisten Fällen in der Wohnung des Pflegebedürftigen mit den unterschiedlichsten Beteiligten wie dem Arzt, den Pflegekräften oder Angehörigen stattfindet. Nur folgerichtig muss die Dokumentation lückenlos sein. Jeder muss wissen, was der andere gemacht hat. Aktuelle Assistenzsysteme ermöglichen die sensorgestützte Dokumentation via Internet. Eine pragmatische Lösung, die ihresgleichen sucht.

In Wohn- oder Heimkomplexen können diese Systeme übrigens auch ein probates Mittel gegen die Einsamkeit sein. Ermöglicht wird die Kommunikation mit anderen Bewohnern, mit Verwandten, Freunden oder Nachbarn. Und bei Bedarf selbstverständlich auch mit den Pflegefachkräften. Sogar Fitnessprogramme mit Sessel und Fernseher können integriert sein.

Wie Pflegeunternehmen von der Digitalisierung profitieren können

Unterschiedlichste digitale Ansätze können stationäre Pflegeeinrichtungen sowie ambulante Pflegedienste sinnvoll einsetzen. Steigern lässt sich dadurch die Mitarbeiterzufriedenheit. Reduziert wird der Kostenapparat. Das beginnt bereits bei der Gewinnung gut ausgebildeter Mitarbeiter. Arbeitgeber sind – allein schon wegen des verpflichtenden Personalschlüssels – auf Personal angewiesen, stehen aber vor der Problematik der großen Fluktuation in der Pflegebranche. Häufig befinden die Pflegeeinrichtungen sich in dezentralen Orten oder Städten. Wie nun soll das Unternehmen überregional auf sich aufmerksam machen und sich als positiver Arbeitgeber darstellen? Die Digitalisierung macht's möglich:

Die Einrichtung besitzt eine – bestenfalls gepflegte – Webseite. Außerdem werden die Kanäle in den sozialen Medien genutzt, um zielgenaue Stellenausschreibungen auszusteuern. So lassen sich potenzielle Mitarbeiter beispielsweise via Facebook oder Xing über, nach individuellen Parametern platzierte Werbung ansprechen. Der immense Vorteil: Die Streuverluste von Stelleninseraten sind im Gegensatz zu klassischen Stellenportalen verschwindend gering. Der Prozess der Mitarbeitersuche wird deutlich günstiger und effizienter.

Um gegenüber den Mitbewerbern innerhalb der Branche nicht auf der Strecke zu bleiben, ist es notwendig, sich im Web vertrauenswürdig, empathisch und engagiert zu präsentieren. Junge Menschen wollen auf Augenhöhe und Lifestyle-Ebene angesprochen werden. Nicht minder wichtig ist es, kontinuierlich zu informieren, also mit interessanten Inhalten im Internet auf sich aufmerksam zu machen. Das ist und bleibt ein dauerhafter Prozess. Der Effekt ist mindestens zweigleisig: Erstens muss die Unternehmenswebseite auf allgemeine Suchanfragen hin im Web erst mal gefunden werden, also möglichst bei den oberen Suchergebnissen erscheinen. Möglich ist das nur mit entsprechend professionell aufbereiteten Inhalten in Wort und Bild. Des Weiteren weckt bei der jugendlichen Generation Interesse, wer im Gespräch ist und sich auch gerne ins Gespräch begibt. Eine Frage der generationsübergreifenden Reputation.

Ein weiterer Aspekt ist die Mitarbeiterzufriedenheit. Durch – schrittweise – Digitalisierung und Automatisierung werden die Pflegefachkräfte körperlich und psychisch entlastet. Und das ist auch dringend nötig. Es gibt keinen Sportwagen, der täglich acht bis zehn Stunden auf Tempo 300 fahren kann. Ist der Arbeitgeber so weitsichtig, die Pflegekräfte in den gesamten Prozess der Umstellung mit einzubinden und erklärt ihnen Sinn und Zielsetzung, werden sie dem Wandel nicht ablehnend gegenüberstehen. Im Gegenteil, die Motivation steigt. Schließlich ist es die Motivation für den eigenen stressfreieren beruflichen Alltag.

Best Practices: Die Japaner machen es schon ganz gut

Noch weitaus präsenter als bei uns ist das „Problem“ der alternden Bevölkerung bei den Japanern. Prognosen zufolge werden dort bis 2020 ca. 400.000 Pflegekräfte fehlen, bis 2025 sogar ungefähr eine Million. Ein Kraftakt für den Fortbestand von Pflegesektor und Gesundheitswesen. Aber das technologisch affine japanische Volk reagiert vorbildlich und innovativ. So wurde beispielsweise der Roboter „Terapio“ entwickelt, mit dem die teilautomatisierte Pflege möglich werden soll. In Kliniken kann der Roboter dem Chefarzt hinterherrollen, in Pflegeeinrichtungen funktioniert das mit jeder anderen beliebigen Person. Auf dem Display zeigt er das EKG, die Vitalwerte, die Ergebnisse der Blutuntersuchung und vieles mehr. Letztlich lässt sich die komplette Patienten-eAkte abrufen. Eine weitere Besonderheit: Terapio zeichnet auch die Gespräche auf und ist imstande, diese anhand von Schlagworten auswerten.

Die Japaner sträuben sich nicht gegen diesen digitalen Humanoiden. Ihnen ist der Zusammenhang der Notwendigkeiten doch durchaus bewusst. In Deutschland befürworten ca. 60 Prozent der Bevölkerung die maschinellen Helfer. Insbesondere mit der Perspektive, dass das Pflegepersonal entlastet würde und sich mit ausreichender Zeit um die Pflegebedürftigen kümmern könnte. In Japan ist diese Akzeptanz weitaus höher.

Interessant in diesem Zusammenhang ist auch die Roboterrobbe PARO. Die Robbe wurde vordringlich für Menschen entwickelt, die aus den unterschiedlichsten Gründen keine Haustiere halten können. Bekannt ist, dass beispielsweise an Demenz erkrankte Menschen durch Tiere emotional angesprochen werden können. Vielerorts ist das nicht unmittelbar – beispielsweise durch einen realen Therapiehund – möglich. PARO ist die Lösung. Die Robbe verfügt dank der Sensoren über eine natürliche Haptik des Kunstfells und ist mit Temperatursensoren ausgestattet, mit denen sie dieselbe Temperatur eines Haustiers besitzt. Das außerdem Besondere: In Größe und Gewicht entspricht die Roboterrobe einem menschlichen Neugeborenen. Umso intensiver wird im Unterbewusstsein der Beschützerinstinkt angesprochen.

Letztlich handelt es sich dabei um einen sogenannten sozial-emotionalen Roboter. Die Asiaten zeigen hier keinerlei Berührungsängste. Eingesetzt werden diese programmiert empfindsamen Roboter auch bei Menschen mit Hirnschädigung. Mindestens zwei Aspekte scheinen hier erwähnenswert. Wie sehr das Allgemeinverständnis und die Bereitschaft zur Digitalisierung in Deutschland hinterherhinkt, zeigt das folgende Datum: Im Jahr 2002 wurde PARO ins Guinness-Buch der Rekorde aufgenommen und zwar als „Roboter mit dem größten therapeutischen Nutzen". Also bereits vor 16 Jahren! Trotz therapeutischem Nutzen bleibt fraglich, inwieweit Pflegefachkräfte und Pflegebedürftige daraus einen arbeitsentlastenden Nutzen ziehen können. In Ausnahmefällen oder bei hochgradigen Erkrankungen mag das funktionieren. Letztlich aber wollen wir die Zeit nicht mit Robotern, sondern mit Menschlichkeit und Humanität füllen. Und diese Roboter sind nur ein winziger Auszug der technischen Möglichkeiten, die in Japan längst seit Jahren genutzt werden. Wie schon erwähnt: Es ist sicherlich auch eine Mentalitätsfrage.

VERMARKTUNG
FACEBOOKSEITE & GRUPPEN
twitter
instagram
ÖFFENTLICHKEITSARBEIT
GLEICHGESINNTE FINDEN
Netzwerken
VERLINKUNGEN!
News
DRÜBER REDEN

Prognose für Digitalisierung und Automatisierung in der Pflege

Digitalisierung in der Pflegebranche als sinnvoll zu bezeichnen, wäre vermutlich deutlich untertrieben. Sie ist weitaus mehr als das. Sie ist besonders angesichts der demografischen Entwicklung dringend notwendig. Es macht einfach keinen Sinn, der Zeit und den Realitäten hinterherzulaufen. Dabei ist es in den allermeisten Fällen nicht notwendig, das Rad neu zu erfinden. Die Technologien von Hilfsmitteln bis zu Hard- und Software sind längst vorhanden. Welche davon zum Einsatz kommen – von Pflegerobotern über Smartwatches, Smartphones, intelligente Pflaster, von denen permanent die Vitalwerte übermittelt werden, automatisierten Tablettenboxen, die eine nicht oder zu spät erfolgte Medikamenteneinnahme signalisieren – entscheidet sich im Einzelfall. Die vorhandenen und auch zukünftigen Möglichkeiten müssen auf den jeweiligen Betrieb abgestimmt werden. Und das kurioserweise ganz schnell und für Pflegende und Gepflegte behutsam zugleich.

Der Entlastungseffekt wird schnell spürbar sein

Ist die Basis erst mal geschaffen, werden alle Beteiligten voraussichtlich äußerst überrascht sein, wie schnell sich der Effekt der Entlastung einstellt. Stellen wir uns vor, die Pflegekräfte müssen bei den teils multipel Erkrankten nicht minutengenau zur Stelle sein, um ihnen die benötigten Medikamente anzureichen. Immerhin werden Tabletten nicht selten bis zu fünfmal täglich und häufiger verabreicht. Allein das schon ist ein regelmäßiger und „zeitfressender" Arbeitsgang, der sich bei vielen Pflegebedürftigen problemlos automatisieren ließe. Das Resultat: Zeit! Halten wir uns vor Augen, welchen großen Raum die händisch schriftliche Dokumentation von Vitalwerten, Anwendungen und Behandlungen einnimmt. Hinzu kommt, dass die Aufzeichnungen im Anschluss – in einem weiteren Arbeitsschritt (!) – ohnehin in die EDV eingepflegt werden müssen. Eine Tätigkeit, die im Sinne von Pflegekräften und Pflegebedürftigen massiv reduziert werden kann. Der Papier-Ordner weicht der digitalen Patientenakte.

Aber Achtung: Als Entlastung funktioniert das natürlich nur dann, wenn nicht im Umkehrschluss die erhobenen Daten ausgeweitet werden. Hatte das Formblatt bislang einen Umfang von ein oder zwei Seiten, macht es wenig Sinn, den Umfang aufgrund der komfortablen Arbeitsweise auf drei oder vier Seiten zu erhöhen. Die eigentliche Zielsetzung der Digitalisierung sollte immer im Auge behalten werden. Stehen nahezu unendliche Möglichkeiten zur Verfügung, kann das auch dazu verleiten, immer mehr davon zu nutzen. Das Ergebnis wäre mindestens kontraproduktiv. Schließlich sollen die Pflegefachkräfte nicht zu IT-Spezialisten umgeschult werden. Sie sollen mehr Zeit für die empathische Patientenbetreuung und auch für sich selbst an die Hand bekommen.

Mein Fazit für würdevolle Menschlichkeit und Arbeitsentlastung im Pflegesektor

Die Variablen, an deren Stellschrauben sich für die Verbesserung der Arbeitssituation drehen lässt, sind – plakativ betrachtet – nur wenige: Mehr Personal, weniger Pflegebedürftige, Einsatz innovativer Technologien. Die Anzahl der zu pflegenden Menschen wird ganz sicher nicht abnehmen. Immer mehr Personal einzustellen, ist ökonomisch kaum umsetzbar. Das Ende der Fahnenstange ist in absehbarer Zeit erreicht. Außerdem ist dieses zusätzliche Pflegepersonal aktuell und perspektivisch schlichtweg nicht vorhanden. Verbleibt das Umdenken hin zur Digitalisierung und Pflegerobotik. Damit den pflegebedürftigen Menschen auch künftig ein würdevolles Altern ermöglicht wird und die Pflegefachkräfte nicht die Frustration einer unverschuldeten Last tragen müssen. Übrigens, ganz nebenbei: Laut einer Spiegel-Studie stellen die Krankenpfleger und -pflegerinnen mit durchschnittlich 25 Krankheitstagen jährlich branchenübergreifend die dritthöchste Zahl unter den Beschäftigten. Verwunderlich ist das nicht. Aber wir sollten das schnellstens ändern und sie unterstützen."

Spielend lernen!

Auch die Pflegepädagogin Judith Ebel nutzt die Digitalisierung, um der Pflege das Leben zu erleichtern und sie damit stark zu machen. Sie hat eine App, die Supernurse-App, entwickelt, die spielerisch Pflegewissen vermittelt. Gelerntes kann selbst überprüft werden. Judith Ebel setzt genau da an, wo sie viele erreichen kann. Die App läuft auf dem Smartphone, das bei sehr vielen Pflegekräften sowieso zum täglichen Leben gehört. Sie nutzt Digitalisierung in ihrem besten Sinn, als Unterstützung und Lernhilfe. Der Spielcharakter nimmt die Hemmung vor Ihrer Nutzung.

Lebenslanges Lernen

Berufswunsch Pflege

„Im Alter von 10 Jahren, im Jahr 1982, stand mein Berufswunsch fest: Ich wollte Kinderkrankenschwester werden! Keine fixe Idee, keine Laune aus einem kindlichen Traum oder einer Fernsehsendung, sondern ein realer und tief verwurzelter Wunsch. Meine Eltern haben mir diesen Wunsch nicht versucht auszureden, mir keine weiteren ernst zu nehmenden Vorschläge gemacht. Dafür bin ich ihnen noch heute sehr dankbar.

Klar war schnell, es sollte ein großes, am besten ein Krankenhaus der Maximalversorgung sein, in dem ich meine Ausbildung machen wollte. Ich liebte bereits damals Herausforderungen! 1990 startete ich also am Universitätsklinikum der RWTH Aachen mit der Ausbildung zur Kinderkrankenschwester meinen Weg in die Pflege.

Diese Entscheidung habe ich nie bereut. Ich habe kleine Patienten mit besonderen Krankheiten und teils auch seltenen Krankheitsbildern pflegen dürfen, Eltern und Angehörige begleitet, in interdisziplinären Abteilungen gearbeitet, eine Intensivmedizin mit beeindruckender Apparatur und Möglichkeiten kennengelernt. Das Wichtigste aber war die Gewissheit und Freude, für die kleinen Patienten und ihre Eltern da zu sein, sie durch meine berufliche Tätigkeit in ihrer Hilfe- und Pflegebedürftigkeit und der Gestaltung ihres Alltags zu unterstützen und empathisch zu begleiten.

In großen und kleinen Pflegeteams habe ich wertvolle Erfahrungen sammeln dürfen. Schichtdienst habe ich immer als eine „andere Art, das Leben zu leben" empfunden. Abwechslungsreiche Arbeitszeiten haben auch Vorteile, und die

Judith Ebel

Judith Ebel, im ersten Beruf Kinderkrankenschwester, arbeitet heute als Dipl. Pflegepädagogin und berät bundesweit Einrichtungen des Gesundheitswesens zu allen pflegefachlichen Themen. 2016 entwickelte sie die Quiz-App SuperNurse®. Mit dieser innovativen Lernmethode begeistert sie zigtausend Pflegekräfte und verhilft ihnen zu einem sicheren „ICH WEISS, WAS ICH WEISS"! Zudem ist sie Multiplikatorin des Strukturmodells und des „Demenz Balance-Modell®".

Gestaltung des sozialen und privaten Lebens war oft bunter und reizvoller für mich als die Vorstellung von einer Arbeit von „nine to five".

Der Pflegeberuf bietet viele Möglichkeiten

Mein Berufsweg führte mich über Aachen nach Berlin ins Deutsche Herzzentrum und innerhalb von sechs Berufsjahren vor allem durch die Kinderkardiologie und die Kinderintensivpflege. Diese geplanten und angestrebten Wechsel waren stets geprägt von der Bereitschaft, mich weiterzuentwickeln, das Fachwissen der jeweiligen Fachbereiche zu erlernen, sicher und zuverlässig zu pflegen, zu betreuen und zu helfen.

Nach und nach wurde ich mit der Einarbeitung neuer Schülerinnen und Schüler, Kolleginnen und Kollegen betraut. Das hat mir enorm viel abverlangt, aber mich auch angespornt, stets auf dem Laufenden zu sein. Durch das breite Feld der Einarbeitungen – heute würde man Praxisanleitung sagen – war der Anstoß gegeben, das professionelle Vermitteln von Wissen zu erlernen und an der Humboldt-Universität zu Berlin Pflegepädagogik mit den Schwerpunkten Erwachsenenpädagogik und Pflegewissenschaft zu studieren.

Lebenslanges Lernen ist mein Schlüssel zu Zufriedenheit und Erfolg

Seit 12 Jahren berate ich nun als Diplompflegepädagogin deutschlandweit Einrichtungen des Gesundheitswesens, insbesondere stationäre Altenhilfeeinrichtungen, ambulante Dienste und Krankenhäuser, und unterstütze Leitungs- und Pflegekräfte bei der Implementierung von evidenzbasiertem Pflegefachwissen. Als Multiplikatorin des Strukturmodells ist es mir wichtig, die Dokumentationsanforderungen den Teilnehmern praxisnah und eng an den biografischen Lebensbedingungen und Wünschen der Bewohner zu vermitteln. Hier ist sicheres Fachwissen gefragt! Als Multiplikatorin des „Demenz Balance-Modell®" vermittele ich dieses aktuelle und wichtige Thema der personenzentrierten Haltung und Pflege gewissenhaft und methodenreich.

Mich treibt lebenslanges Lernen an, mein eigenes und das meiner Kunden. Darin liegt meiner Meinung nach der Schlüssel zu Zufriedenheit und Erfolg! Meine Erfahrungen der letzten Seminarjahre zeigen, Pflegende wollen trotz des enormen Drucks gut sein und fachlich sehr gute Arbeit leisten. Ich erlebe Menschen, die für die Pflege brennen, auch wenn sie heute oft nahe dem Ausbrennen sind. Deutlich wird jedoch auch, dass die Mehrzahl von ihnen ihre eigene Fachlichkeit nur wenig einschätzen und in Worte fassen kann. Sie pflegen professionell und haben ein großes implizites Wissen. Durch die Bemühungen um mehr Transparenz haben externe Prüfinstanzen meines Erachtens mit dazu beigetragen, dass das Vertrauen in die eigene Fachlichkeit bei vielen von ihnen erschüttert ist. Das möchte ich ändern!

„Lebenslanges Lernen ist der Schlüssel zu Erfolg und Zufriedenheit."

Judith Ebel

Wie bleibt das Wissen in unseren Köpfen?

Ich pflege nicht mehr „am Bett", doch ich leiste kreative Arbeit in der Bildung von Pflegekräften und das erfüllt mich tagtäglich. 2015, im Herbsturlaub, dachte ich darüber nach, wie ich das Fachwissen länger in den Köpfen der professionell Pflegenden halten könnte. Denn immer wieder höre ich nach den Seminaren: „Es war toll, ich nehme sehr viel für meinen Arbeitsalltag mit und morgen setze ich mich daran, Veränderungen einzuleiten." Das freut mich immer sehr, doch ich bin Realistin genug zu wissen, dass der stressige Arbeitsalltag und das Vergessen bald schon wieder zuschlagen werden.

Wie konnte also eine Lösung aussehen? Innovativ sollte sie sein ... und Spaß machen sollte sie auch. Eine neue Herausforderung!

Nachhaltiges Wissen und punktgenaue Fortbildungen

Zwei Fragen begleiten ein jedes Seminar, jeden Workshop oder eine Implementierung. Erstens: Wie gelingt es, das auf unterschiedliche Weise vermittelte Wissen nachhaltig bei den Pflegekräften zu verankern und auf dem neusten Stand zu halten? Und zweitens: Wie können Leitungskräfte den Fortbildungsbedarf ihrer Mitarbeitenden erfassen und die Fortbildungsplanung objektiv begründbar nachweisen?

Herrje
ZU WENIG ZEIT!
HIER MACHEN WIR DAS ANDERS ALS IN DER SCHULE

SUPER NURSE
WISSEN AUFBAUEN
1
TEAMCHALLENGE

Wenn man bedenkt, dass das nachweispflichtige Pflegefachwissen stetig zunimmt und souverän in der täglichen Pflege, in Beratungsgesprächen, bei der Pflegeprozessplanung und der Dokumentation oder bei internen und externen Prüfungen abrufbar sein sollte, dann fehlte bisher eine Lernmethode, die Spaß macht, flexibel einsetzbar und innovativ ist.

Meine Antwort auf die erste Frage ist eine Wissens-App für das Smartphone: die von mir entwickelte SuperNurse® Quiz-App.

Ich weiß, was ich weiß!

Pflegekräfte können derzeit 13 Fachthemen aus den Bereichen der Expertenstandards und weiteren Pflegefachthemen mit mehr als 750 Fragen nutzen. Zu allen Themen entwickele ich innerhalb von 4 Wochen nach Veröffentlichung des zugrunde liegenden Standardwerkes oder bei Aktualisierungen (z. B. zu den nationalen Expertenstandards) neue Fragen. Dadurch sind die Inhalte in der App jederzeit auf dem wissenschaftlich aktuellsten Stand und können zuverlässig spielerisch von Pflegekräften auf dem eigenen Handy oder Tablet erlernt werden. Das Fachwissen festigt sich und ist sicher abrufbar.

Besonders wichtig ist mir, dass die Mitarbeitenden nicht unter Druck gesetzt werden oder sich kontrolliert fühlen, denn Druck gibt es zurzeit genug im Pflegealltag. Um dies zu erreichen, können die Spieler in der App mit einem Benutzernamen anonym bleiben und in ihrem Tempo orts- und zeitunabhängig Fachwissen auffrischen. Somit kommen sie spielend und mit Freude zu einem selbstbewussten „ICH WEISS, WAS ICH WEISS!“

Meine Antwort auf die zweite Frage lautet: Leitungskräfte haben durch eine regelmäßige, anonymisierte Auswertung die Möglichkeit, die Fortbildungsbedarfe ihrer Teams zu erkennen und zu steuern. Dadurch können Bildungsmaßnahmen passgenau organisiert werden. Und es ergibt sich eine Win-Win-Situation: Pflegekräfte können ihr Fachwissen sicher abrufen und anwenden und Leitungskräften steht ein Instrument zur internen Qualitätssicherung zur Verfügung!

Lernen ist nicht Defizitausgleich, sondern Erweiterung unserer Möglichkeiten

Unternehmen, die ihren Mitarbeitenden diese Lernmethode ermöglichen, gehören sicher zu den attraktiven und innovativen Arbeitgebern am Markt. Neue

Lernformen in einer zunehmend digitalisierten Welt von heute weisen den Weg zu selbstbestimmtem lebenslangem Lernen. Ich habe noch tausend Ideen, die App weiterzuentwickeln und mich weiteren Herausforderungen zu stellen. Für die Zukunft wünsche ich mir, dass wir Lernen nicht als Defizitausgleich, sondern als Freude und eine Erweiterung unserer Möglichkeiten ansehen."

Mut zu Pflege 4.0

Giovanni Bruno und Judith Ebel haben uns ganz deutlich gemacht, dass wir nicht Opfer einer sinnbefreiten Digitalisierung sein müssen. Digitalisierung und Pflege 4.0 steht für Unterstützung und Erleichterung der Arbeit. Es steht für gutes Haushalten mit den eigenen Kräften.

Eine kluge digitale Strategie kann den bürokratischen Aufwand schlanker machen und mehr Zeit für menschliche Zuwendung ermöglichen. Eine kluge technische Unterstützung ist eine hervorragende Ergänzung zum betrieblichen Gesundheitsmanagement, denn die Zahl der Pflegekräfte im Verhältnis zu den Pflegebedürftigen wird nicht nur geringer, die Pflegekräfte selbst altern auch.

Nicht alles, was möglich ist, muss auch umgesetzt werden. Wichtig ist, dass das Richtige gemacht wird. Und das ist nicht an jedem Ort das Gleiche. Hier braucht es gute Beratung, um punktgenaue Lösungen zu finden und zu verwirklichen. Gute Beratung nimmt die Pflegekräfte von Anfang an mit, taucht in deren Alltag ein, um überhaupt zu erkennen, wo genau der Schuh drückt. Das kann in unterschiedlichen Einrichtungen auch sehr unterschiedlich sein. Pflegekräfte gehören für uns mit an den Entwicklungstisch, denn sie sind Expertinnen und Experten in Sachen Pflegealltag.

Wir sind mittlerweile im digitalen Zeitalter angekommen. Das wird keiner mehr aufhalten. Und eigentlich will das auch niemand. Es wird zukünftig keine Arbeitsbereiche geben, die diese Entwicklungen ausblenden können. Manchmal haben wir den Eindruck, die Pflege würde das gerne tun. Sicherlich ist es auch eine Generationenfrage. Die heutigen Auszubildenden gehen viel selbstverständlicher mit neuer Technik um als die Pflegekräfte, die vor 30 Jahren ihre Ausbildung gemacht haben. Das bedeutet, dass darauf geachtet werden muss, dass alle auch mitgenommen werden auf diese digitale Reise, vom Azubi bis hin zur Pflegekraft, die nur noch wenige Jahre im Beruf bleiben wird. Das heißt für uns ganz klar, dass Schulungen und Fortbildungen nötig sind und sein werden, damit die neue Technik auch wirklich hilfreich für alle eingesetzt wird und werden kann. Hier sind die Arbeitgeber gefragt, ihre Mitarbeitenden auch in die Lage zu versetzen, Digitalisierung positiv in ihrer Arbeit mit Leben zu füllen. Nur so macht Digitalisierung Pflege auch stark.

KAPITEL 9

ABSCHLUSSWORT

Die Pflege ist stark und kann ganz schön selbstbewusst auftreten. Das haben uns alle, die sich für dieses Buch engagiert haben, sehr deutlich gemacht. Und das Engagement ist vielschichtig. Es heißt ja auch so schön „Viele Wege führen nach Rom". Dass wir mit diesem Buch ein heißes Eisen anfassen, das ist uns durchaus bewusst. Oft haben wir es selbst in Diskussionen – insbesondere den digitalen – erlebt, dass man sehr schnell im Kreuzfeuer steht, wenn man nicht mit den Wölfen heult. Und mit den Wölfen heulen, das heißt hier ganz klar, sich gegenseitig selbst bestätigen, im Jammertal der Pflege verharren und sich selbst als ohnmächtig und Opfer des ganzes Systems, des Arbeitgebers, der Politik und des Berufes überhaupt wahrzunehmen. Diejenigen, die sagen, dass sie ihren Beruf lieben, die auf die Straße gehen für bessere Bedingungen, die sich positiv über den Beruf Pflege äußern, sind leider in diesen Foren in der Minderheit. Umso mehr hat es uns gefreut, dass wir bei den ersten öffentlichen Berichten über unser Buch „Die Pflege ist stark!" bei Facebook einige tolle Kommentare bekommen haben, die wir unbedingt zitieren möchten:

„Sie schreiben mir absolut aus der Seele. Ich bin zwar keine Pflegekraft, habe aber bedingt durch die Pflege meines Mannes einiges miterlebt und mitbekommen. Leider werde ich fast immer ausgelacht und nicht ernst genommen, wenn ich anrege, dass Pflegekräfte doch mal streiken sollten. Dass das geht, haben uns ja in der Vergangenheit die Charité, das Klinikum in Düsseldorf, das Klinikum in Essen und eine katholische Pflegeeinrichtung in Essen bewiesen. Es kommt immer das Argument, dass sich dann keiner um die Patienten kümmert. Aber ist der aktuelle Stand denn besser? Nein. Weder für die Pflegekräfte noch für die Patienten ist dieser Zustand gut. Stattdessen wird noch auf die Kollegen, die neulich gestreikt haben, geschimpft. Da versuchen einige wenige Kollegen, etwas für andere (nicht gewerkschaftlich organisierte) Kollegen zu erreichen, und werden dafür von den eigenen Kollegen beschimpft."

Diese Worte stammen von einer pflegenden Angehörigen, die eine klare Haltung hat. Streik ist natürlich die Ultima Ratio. Aber es gibt eben vorher viele Schritte, die man unternehmen kann. Der Weg ist das Ziel. Aber dafür muss man sich eben auch auf dem Weg machen, heraus aus dem Jammertal.
Eine Pflegefachkraft schrieb:

„Vielen Dank für diesen Beitrag. Auch mich nervt das Gejammer manchmal sehr. Vom Jammern wird es nicht besser, die Politik alleine wird es auch nicht richten ... da müssen wir uns schon selbst aufs Spielfeld begeben. Und wenn es nicht die Kammer oder der Berufsverband ist, kann ich dennoch im eigenen Unternehmen beginnen, Rahmenbedingungen und Strukturen aktiv mitzugestalten und zu verändern. Wir selbst müssen Pflege wieder attraktiv nach außen kommunizieren und beleben und uns nicht darauf verlassen, dass andere es für uns tun und richten. Vielleicht müssen wir auch einfach wieder lernen, uns selbst wertzuschätzen, statt darüber zu klagen, dass andere es nicht tun ... Ich liebe meinen Job!"

Wir haben bei unserer Recherche zu diesem Buch Einrichtungen und Pflegedienste gefunden, die genauso denken und handeln. Im eigenen Unternehmen beginnen, Pflege für sich, die Mitarbeitenden und die zu Pflegenden positiv – auch im Rahmen der aktuellen Gesetzgebung – zu gestalten. Das geht bis hin zur eigenen Selbstständigkeit. Hier haben Pflegekräfte für sich die Reißleine gezogen. Legitim! Es gibt immer die Möglichkeit, zu entscheiden. Oftmals ist es nicht das „Können", sondern das „Wollen". Dann geht es aber auch darum, Verantwortung zu übernehmen, für sich, und für den Berufstand Pflege. Hier ist dann das Ende der Wellnesszone erreicht.

„Ich habe vor 35 Jahren Examen gemacht, da haben wir schon gejammert, dass wir zu wenige sind, dass wir es schwer haben, keiner sieht, was wir tun, die Bezahlung schlecht ist und so weiter. Ich kann das Gejammer nicht mehr hören. Ich ende mit dem einen Zitat von Agnes Karll: „Wer soll denn unseren Beruf aufbauen, wenn wir es nicht selbst tun! Wir haben gar kein Recht zu verlangen, dass andere das tun. Selbstständigkeit ohne Verantwortung gibt es nicht, das muss sich jede einzelne von uns dauernd vor Augen halten."

Wahre Worte, von dieser Pflegekraft so wie auch von Agnes Karll. Diese wurde übrigens am 25. März 1868 geboren und hätte 2018 ihren 150. Geburtstag gefeiert. Agnes Karll, selbst ausgebildete Krankenschwester, ist eine Pionierin für das Engagement der Pflege, für bessere Arbeitsbedingungen und bessere Bezahlung. Sie gründete 1902 die Berufsorganisation der Krankenpflegerinnen Deutschlands. Die Pflege hat also schon einen langen Weg hinter sich.
Es ist uns ein Anliegen, mit diesem Buch neue Wege aufzuzeigen, wie die Pflege selbstbestimmte und selbstbewusste neue Richtungen einschlagen kann. Offensichtlich sind diese Wege derzeit noch Trampelpfade. Wir wollen ermutigen, sich abseits des „Das war schon immer so" und „Pflege ist halt so ..." auf die Reise zu begeben. Wir wollen zum Netzwerken und zum Austausch anregen. Darum gibt es im Anhang noch Links und Kontakte. Und natürlich freuen wir uns jederzeit über Rückmeldungen an die Adresse buch@team-scharfenberg.de. Insgesamt war es uns eine große Freude, uns mit so vielen kreativen Pflegeaktiven auszutauschen, in deren Gedankenwelt und deren Lebensumstände einzutauchen. Zu erfahren, wie und warum Einrichtungen und Dienste sich neu aufstellen. Mitzuerleben, was der Aufschlag für eine Selbstständigkeit sein kann, wie Pflege in Bewegung kommt, wie Auszubildende Verantwortung übernehmen für den Berufsstand Pflege und auch wie Pflege sich auf den digitalen Wandel einstellen und diesen auch nutzbringend umsetzen kann.

In unserem Buch gibt es keine Denkverbote. Wir sind sicher, dass es oft die Schranken im Kopf und nicht die Schranken im System sind, die Veränderungen unmöglich machen.

Wir freuen uns auf einen regen Austausch – denn Pflege wird Thema bleiben. Sie betrifft uns alle und ist auch keine Frage des Alters. Um den auf uns zukommenden Pflegenotstand zu meistern und ihn zu managen, brauchen wir starke und selbstbewusste Pflegekräfte.

Wir wissen, es gibt sie.
Elisabeth Scharfenberg und Inga Teglas

Über die Autorinnen

Elisabeth Scharfenberg

www.team-schafenberg.de

Als Wahlfränkin mit hessischem Migrationshintergrund lebe und arbeite ich im schönen Oberfranken und in Berlin.

Von 2005 bis 2017 war ich als einzige oberfränkische Grüne Mitglied des deutschen Bundestages und Sprecherin der Bundestagsfraktion Bündnis 90/Die Grünen für Pflege- und Altenpolitik. Das Mandat hat mir ermöglicht grüne Pflegepolitik mitzugestalten und zugleich zu zeigen: Bayern kann auch anders sein, nämlich weltoffen, gleichberechtigt und sozial kompetent.

Schon durch meine Arbeit als Sozialarbeiterin habe ich tiefen Einblick in die Lebensrealität vieler Menschen bekommen. Pflege spielte da immer wieder eine große Rolle. Seitdem sind Pflegepolitik und Pflege für mich die großen gesellschaftspolitischen Aufgaben und das Zukunftsthema. Auch wenn es gerne verdrängt wird; Pflege geht uns alle an. Spätestens wenn die eigenen Eltern alt werden, stellt sich die Frage: Wie wünschen sie sich, versorgt zu werden? Wie möchte ich mein eigenes Alter gestalten?

Für ein selbstbestimmtes, würdevolles Leben im Alter und bei Pflegebedürftigkeit und für mehr Wertschätzung, bessere Gehälter und Arbeitsbedingungen von Pflegekräften habe ich mich als Sprecherin meiner Fraktion für Pflege- und Altenpolitik in drei Legislaturperioden eingesetzt. Aus diesem Erfahrungsfundus heraus entstand mein erstes Buch „Wer soll uns pflegen?“

Ich engagiere mich auch weiter für die Pflege. Allerdings nicht mehr im Deutschen Bundestag. Zur Bundestagswahl im Herbst 2017 habe ich nicht wieder kandidiert. Politik braucht ein gutes Maß an Beständigkeit, aber eben auch einen lebendigen Wechsel, davon bin ich überzeugt. Bei meiner Abschiedsrede habe ich gesagt: „Einmal Pflege – immer Pflege!“ Das Thema Pflege bleibt also weiterhin mein Fokus. Es liegt mir am Herzen und es zieht sich durch meine gesamte Arbeit. Ich stelle neue Projekte auf die Beine, unter anderem das *Aktivcamp Pflege*, das Menschen zusammenbringt, die sich für Veränderungen in der Pflege engagieren wollen. In diesem Buch haben wir genau diese Menschen zu Wort kommen lassen.

Publikationen:

Alles zu meiner politischen Arbeit finden Sie unter
(Reden, Pressemitteilungen, Parlamentarische Initiativen) auf der Fraktionshomepage von Bündnis 90/Die Grünen

https://www.gruene-bundestag.de/abgeordnete/elisabeth-scharfenberg.html

oder auf der Seite des Deutschen Bundestages:

https://www.bundestag.de/abgeordnete/biografien18/S/scharfenberg_elisabeth/259088

oder auf meiner MdB-Webseite unter http://www.elisabeth-scharfenberg.de/themen-pflege-gesundheit-altenpolitik/

Peter Gaymann, Thomas Klie (Herausgeber), 2015: Demensch. Texte und Zeichnungen. Für einen menschenfreundlichen Umgang mit Demenz.

ZQP: Fotoprojekt Erinnerung: „Menschen mit Demenz nicht vergessen" www.erinnerung-demenz.de

Mein Blog und Podcast: www.elisabeth-scharfenberg.eu

Umfrage „Was beschäftigt Pflegekräfte?", Ausgewählte Ergebnisse der Umfrage von Elisabeth Scharfenberg, MdB, 2016

Autorenpapier zur Pflegepolitik: Bilanz und Ausblick, Oktober 2017

Buch „Wer soll uns pflegen? – Zur Situation der Pflegekräfte"

erschienen März 2017, ISBN 978-3-7467-1159-1

Inga Teglas

www.ingateglas.de

In Hamburg geboren, lebe ich mit meinem Mann und meinen zwei Kindern in Berlin.

Meine Leidenschaft für Sprache und fürs Schreiben ist die Verbindung zwischen allen beruflichen Stationen in meinem Leben. In Mainz – und in den USA – habe ich Publizistik, Amerikanistik und Politikwissenschaft studiert.

In der Unternehmenskommunikation von IBM Deutschland habe ich miterlebt, wie digitale Entwicklungen die Kreativität von Mitarbeiterinnen und Mitarbeitern entfachen können, indem sie ihnen ermöglichen, eigene Ideen einzubringen. In einem großangelegten Innovation Jam konnten alle Mitarbeitenden – unabhängig von jeglicher Hierarchiestufe – drei Tage in ein weltweites Onlinebrainstorming einsteigen, in denen Vorschläge gesammelt, kanalisiert, weiter vorangetrieben und schließlich in Projekte umgesetzt wurden. Das hat mich fasziniert und zum ersten Mal darüber nachdenken lassen, dass die Arbeitswelt ganz anders aussehen könnte und müsste.

Seither habe ich in der Unternehmenskommunikation eines weltweit führenden Anbieters von Lösungen für den Gesundheitsmarkt gearbeitet und bin dann in das Bundestagsbüro von Elisabeth Scharfenberg MdB gewechselt. Dort bin ich intensiv in das Thema Pflege eingestiegen. Besonders beeindruckt haben mich die vielen persönlichen Berichte der Pflegekräfte in der Online-Umfrage „Was beschäftigt Pflegekräfte?" Sie führten mir vor Augen, wie es sich anfühlt, in einem Beruf, den man aus Überzeugung macht, gleichzeitig von den Arbeitsbedingungen daran gehindert zu werden, ihn gut auszuüben. Es war für mich sehr bereichernd, an dem Buch „Wer soll uns pflegen?" mitzuarbeiten und damit diesen Stimmen Gehör zu verschaffen.

2018 habe ich mich selbstständig gemacht und biete mit meinem Unternehmen „New Work Communication" Unterstützung bei der strategischen Kommunikation für Organisationen an, die sich mit neuen Formen der Zusammenarbeit und einem Wertewandel anders aufstellen wollen. Ich erstelle passgenaue Kommunikationskonzepte und schreibe Texte für Webseiten, Blogs, Newsletter oder Social Media-Plattformen, um Unternehmen dabei zu helfen, ihre Zielgruppe mit ihren Botschaften zu erreichen und ihr Alleinstellungsmerkmal klar zu präsentieren.

Es ist spannend, für Kunden aus der Pflegebranche zu arbeiten und mitzuverfolgen, ob auch dort ein Umdenken zu mehr Mitarbeiterorientierung und eigenverantwortlichem Arbeiten stattfindet.

Foto-Credits

Sketchnotes: Sonja Kröll, www.mimikro.de

Thomas Agel – privat
Giovanni Bruno – Adrian Schmidt,
Judith Ebel - Anna Kaduk
Leonie Emmerich – Jan Rameil / Studio Schloen Köln
Stefanie Görtz - Martin Meier
Birgit Hansen - Stabsstelle Unternehmenskommunikation der Marienhaus Unternehmensgruppe
Stefanie Hederer - Fotostudio Bergfeld
Antje Hirt - Yung Eye Photography
Dr. Eckart von Hirschhausen – Dr. Eckart von Hirschhausen
Benjamin Jäger – privat
Udo Janning -
Marcus Jogerst Ratzka – privat
Andreas Klein – Andreas Klein
Roger Konrad – privat
Peter Kraus - Heike Reinhold
Gisela Lenz - Anette Hammer / Freistil Fotografie
Moritz Lienert – Pflegetiger GmbH
Sabrina Loyal – Katja Hoffmann
Nathalie Müller – privat
Elisabeth Scharfenberg – Michael Farkas
Birgit Scheller-Küster - Studioline Kempten
Wencke Seuberling – Roland Winkelmann
Inga Teglas – Michael Farkas
Walk of Care – WoC
Fabrice Wendt – privat

Links zu den GastautorInnen

Alter im Mittelpunkt GbR
www.alter-im-mittelpunkt.de

Bochumer Bund
www.bochumerbund.de

Giovanni Bruno
www.fokus-d.de

CareSlam
www.careslam.org

Judith Ebel
www.judith-ebel.de

Leonie Emmerich
www.pflegemachtschule.com

Stefanie Görtz
www.fliedner.de

Birgit Hansen
www.mutter-rosa.de
www.pflegekammer-rlp.de

Stefanie Hederer
www.pflegeexpertin-hederer.de

Claudia Henrichs
www.chc-team.com

Antje Hirt
www.antjehirt.com

Dr. Eckart von Hirschhausen
www.hirschhausen.com

Udo Janning
www.sander-pflege.de/

Andreas Klein
www.careteam-pflege.de

Peter Kraus
www.altenhilfe-rummelsberg.de

Sabrina Loyal
www.sabrina-loyal.de

Nathalie Müller
www.sst-herbolzheim.de

Moritz Lienert
www.pflegetiger.de

Pflege in Bewegung e. V.
www.pflegeinbewegung.de

Birgit Scheller-Küster:
https://www.xing.com/profile/Birgit_SchellerKuester/cv

Team Scharfenberg
www.team-scharfenberg.de
www.team-scharfenberg.de/aktivcamp-pflege
„Wer soll uns pflegen?"
www.epubli.de/shop/buch/
Wer-soll-uns-pflegen-Elisabeth-Scharfenberg-9783746711591/73499

Wencke Seuberling
https://www.facebook.com/wencke.seuberling

Inga Teglas
www.ingateglas.de

Thomas Agel
www.verdi.de

Walk of Care
https://www.facebook.com/PflegeKultur/

https://youtu.be/VtHG1im55s8

Fabrice Wendt
www.projektcare.wordpress.com